Diário do fim do amor

FÓSFORO

INGRID FAGUNDEZ

Diário do fim do amor

Uma das principais funções (sociais) de um diário é exatamente ser lido escondido por outras pessoas, pessoas (como pais + amantes) sobre as quais o autor se mostrou cruelmente franco apenas no diário. Será que Harriet vai ler isto?

Susan Sontag, 31 dez. 1957

Se apaixonar é o truque de ampliar um ser humano a proporções tais que todas as comparações desaparecem

Mina Loy

Todos os nomes foram alterados para preservar a identidade das pessoas citadas no livro.

Em 8 de maio de 2000, eu escrevi "Eu amo o Luis" e, pouco depois, "Hoje eu vi meu amor da minha vida o Luis". Nos dias seguintes, colei na página a fita azul que a procissão do Divino Espírito Santo havia deixado em casa, para proteção da família. Sempre as mesmas velhas de cabelo grisalho e corte de cuia invadindo a sala com suas vozes trêmulas. Sempre o mesmo pedido para a santa que dormia em cima da geladeira.

O único diário que sobreviveu à minha infância é uma agenda de astronauta. Na capa, um cachorro com capacete e crianças sorridentes flutuam dentro de uma nave, numa animada aventura espacial. Ao amigo, mais pedi desculpas pela ausência do que fiz confissões, já que minha irmã leria tudo do mesmo jeito. Mas, quando escrevia, falava de amores. Era o que eu deveria fazer, pensava: dizer que amava, que queria, suspirar sem fim. Fiz o mesmo em vários cadernos cor-de-rosa, com cheiro de tutti frutti e capa de pelúcia, esses sim "cadernos de menina", que perdi em mudanças ou nas limpezas anuais na casa dos meus pais. Diários me pareciam o lugar ideal para as paixões e os sofrimentos de uma mulher.

12 de outubro do Ano 1

Cheguei ao apartamento dele para ter a conversa de sempre, e ele mudou de assunto. Não sei se foi dessa vez que se jogou aos meus pés e chorou, pedindo que eu ficasse, um menino tão pequeno. Eu fiquei, de qualquer forma.

Você aceita o amor que acha que merece.

Uma amiga disse a frase há uns dias e eu ainda a escuto: que você acha que merece. Me tenho em tão pouca estima que mal reconheço os olhos no espelho. Não são meus — assim como o amor não é. Assim como não o mereço. Alterno estados de ódio, rancor e paixão, mas o suficiente para pôr os dois primeiros em dúvida. Ódio? Rancor? Amor? Eu? Nós?

Vejo o céu violento de tão azul e digo que hoje deveria ser um dia violento de tão feliz! E, mesmo assim, o aperto. Nós?

Ele diz e desdiz e repete e tropeça até que suas palavras e pro--mes-sas-se-en-ro-lem-em-mim. Eu?

Só enxergo a muralha de prédios e um ou outro desejo ignorado, uma ou outra vontade apagada. Só enxergo o pouco amor, que conto na palma das mãos: um, dois, nós?

Sonhei noite passada com uma maçã apodrecida, embolorada, jogava tudo fora. Eu?

Quero vê-lo hoje e espero que me ofereça mais — ódio?

O que fala mais alto?

Tenho poucas memórias daqueles primeiros meses. O vaso sanitário branco em frente aos azulejos azul-piscina quando acordei e ele disse, os olhos ainda colados de sono: eu teria um filho seu. Concordamos que seria loucura porque nos conhecíamos havia duas semanas e nem havíamos falado em amor, mas mesmo assim eu queria um filho, sim, queria muito, confessei em pensamento. O banheiro no canto do olho e nós no corredor, sobre o chão de MDF, os ladrilhos azul-piscina, um riso nervoso.

O dia em que acordamos juntos, ou eu acordei, porque ele havia passado a madrugada contando as badaladas dos sinos da igreja, e me levantei, nua, para pegar um copo d'água. Ele no batente da porta, a camisa amassada, me olhando aparvalhado, eu num sorriso solto, ainda bêbado. A culpa nos seus olhos, escura e pesada. O meu riso frouxo.

O dia em que ele decidiu preparar frango ao curry, bagunçando a minha pequena cozinha, porque não tinha mais casa. No seu apartamento, a então futura ex-mulher, que queria se jogar em frente a um carro, e os móveis que continuavam no mesmo lugar. No meu, potes e tampas por todo lado, cascas de cebola sobre o balcão, mais e mais pó amarelo para dentro do liquidificador. O gosto nunca forte o suficiente. Tá bom?, ele perguntou, e eu disse que sim, ótimo, mas ele não se convenceu. Mais curry, mais pó. A mensagem de uma amiga logo depois do meio-dia: estamos no bar com a Laura e o Marcelo, vem!, e a minha resposta evasiva. Todo mundo nota quando a gente some, menos a gente.

O dia do molho de tomate com berinjela. Horas na cozinha e o tomate sempre ácido, os pratos sobre a mesa, silenciosos, eu nos seus braços, extensão do meu corpo, o apartamento apertado. Íamos sair, mas cancelamos os planos porque seus amigos não queriam me conhecer. Era muito cedo. Eu disse tudo bem e me aninhei mais fundo no seu colo.

Meu reflexo no espelho da sala, grande, retangular, de moldura de madeira grossa. Cabelos longos e sem corte, botas de couro gastas. Era noite, estávamos atrasados e eu achava que tudo sairia bem. Tudo bem, eu disse, e me aninhei mais fundo no seu colo.

A textura dos seus pequenos cachos, duros de gel, que eu tocava de leve com a ponta dos dedos, como que para decorá-los. Um só beijo no ombro direito antes de dormir. Um vestido de veludo azul-marinho com flores brancas. Um paletó cinza com cotoveleiras grandes demais.

Guardo esses pedaços no bolso. Tiro-os agora e os ordeno sobre o papel. É o que digo aos meus alunos sobre as escritas de memória, material tão frágil, quebradiço: construir um mosaico com o que sobrou — uns ladrilhos azuis, uma fita verde —, montar a imagem possível. É a poesia da escassez, eu repito, e eles riem. A ficção é pintura a óleo, abundância romântica. A gente se vira com o que dá.

Tenho poucas lembranças dos primeiros meses, e o que havia escrito sobre eles, joguei fora.

Meus diários falam apenas do fim.

Os apontamentos do navegador português Pero Lopes de Sousa sobre a expedição de seu irmão Martim Afonso de Sousa ao Brasil, em 1530, são um bom exemplo do que os diários eram antes de se tornar domínio das mulheres. Nos séculos que antecederam o 20, homens escreveram diários de navegação, das explorações do chamado Novo Mundo, do trabalho como funcionários públicos e como representantes da burguesia ascendente das cidades europeias. Não importa a natureza das anotações: os autores apenas descreviam eventos, sem refletir sobre si mesmos ou ter qualquer preocupação estética. Nas entradas de Lopes de Sousa, lemos o navegador tomando sol a variadas latitudes e longitudes, até avistar o litoral, em fevereiro:

> Sesta-feira 3 do dito mes pela menhãa nos achamos hûa luega de terra, a qual se corria nornoroeste sulsueste. Ao longo do mar eram tudo barreiras vermelhas: a terra he toda chãa, chea d'arvoredo. [...] Este dia vieram de terra, a nado, ás naos Indios a perguntar-nos se queriamos brasil.

Não sabemos o que se moveu dentro dele ao ver os indígenas nadando, provavelmente nus, em direção à nau: medo, surpresa, um novo tipo de alegria. Temos uma descrição breve da cena, porque não cabem ali suas impressões detalhadas. Por isso, não há muito o que dizer sobre seu estilo, olhar ou atuação como diarista; o que se pode tirar desse diário é o conteúdo, e não a linguagem — registros náuticos irrelevantes aqui. O exemplo é genérico porque assim eram essas anotações. Delas, extraíam-se as informações sobre um mundo em expansão, e não muito mais.

O primeiro caderno não existe mais. Os outros sobreviveram por pouco, mas o primeiro caderno eu atirei numa lixeira retangular e profunda, em Norwich, no leste da Inglaterra. Era aquele que dizia "acho que estou me apaixonando", ao lado da data e das anotações de uma oficina de escrita criativa que eu fazia então. Páginas com citações de Drummond e Manuel Bandeira, um ou outro comentário discutindo o conceito de narrativa, e impressões sobre os textos dos colegas, nunca ditas em voz alta. O importante, prestemos atenção, eram as datas e as notas que as acompanhavam, a linha do tempo de um começo.

Algo como:

Dia 19 — não consigo me controlar

Dia 27 — não consigo respirar

Dia 30 — não sei o que fazer

Já havia, portanto, uma sequência de negativas.

Nos conhecemos num dia de vestido azul no joelho, decote discreto e sapatilhas pretas, num compromisso de trabalho. Eu era jornalista. Tenho uma foto dessa tarde em que, sem saber, eu me preparava para encontrá-lo. Estou diante do espelho, séria, tentando parecer profissional, mas com um leve sorriso de vaidade pela roupa nova. Pareço muito jovem.

Cumprimentei-o e notei, sem consciência, que era bonito. Talvez até tenha pensado: "interessante", mas era dia de vestido no joelho e pensamentos como esse não podiam voar longe. Afinal, não era nada tão forte, concluí na volta, apesar de me pegar pensando nas rugas ao redor dos olhos dele, três ou quatro de cada lado, e na risada amarela, falha e engraçada, como a de um menino, ou de um homem que não sabe chorar. Enquanto caminhava de volta para casa, liguei para o namorado e ponderei, sem prestar atenção nas suas palavras, se poderia morar lá, naquelas rugas.

No dia 26, nos encontramos de novo e, nas semanas seguintes, fui admirando-o. Tudo para mim começa com admiração, como se desejasse me casar com uma estátua, um ser altivo e gelado, descansando sobre o mármore, e não na carne, que é defeituosa e quente, boa para envolver um corpo. Admirei-o ainda mais na noite em que ficamos sozinhos pela primeira vez, numa rua de postes queimados, quando sua presença pareceu me guiar pelas esquinas.

Ele me beijou atrás do cemitério no dia 14, às sete e meia de uma quinta-feira sem lua. Meu corpo foi percorrido por correntes elétricas, como se fôssemos polos opostos — o que não éramos exatamente: eu, namorando, ele, casado, nós, dois estranhos, estranhamente apaixonados. Em vez de me afastar, o que é recomendável em casos de choque, enfiei mais fundo os dedos na tomada.

Escrever sem sair do lugar, é isso que me interessa. No Oriente, aventureiros, viajantes, astrônomos e estudiosos também faziam diários, contando jornadas e descobertas. Mas desejo falar de duas japonesas que não saíram do lugar. Elas preencheram páginas e páginas sem deixar o Palácio Imperial, onde moraram, entre o fim do século 10 e o começo do século 11, como damas das mulheres do imperador Ichijô.

Sei Shônagon e Murasaki Shikibu descreveram a vida ao seu redor, na ala feminina do palácio, com seus encontros fortuitos, seus visitantes da meia-noite, seus rituais, suas canções. Enquanto Sei Shônagon deixou *O livro do travesseiro*, um compilado de listas e fragmentos, Murasaki produziu *O romance de Genji*, considerado por muitos teóricos como o primeiro romance do mundo.

Por mais que não tenha datas, *O livro do travesseiro* pode ser visto como um diário: traz pedaços de experiência, trechos unidos pelo tema e pela autoria, e que têm alguma ordenação. Os registros de Shônagon contradizem a objetividade que dominou o gênero na Europa por centenas de anos. Além de narrar o que via, ela expunha inquietações, pensava sobre os acontecimentos e seus significados, dizia o que amava e odiava, o que lhe provocava susto ou temor. Suas 42 listas falam de "coisas que fazem palpitar o coração", "que causam prazer", "que desagradam", "que deixamos de cumprir". O amor espalha-se pelo livro nas observações sobre casais apaixonados e no que ela insinua sobre os próprios desejos.

Numa das páginas, Shônagon reflete sobre as damas abandonadas, posição que assumi, sem consciência e sem questionamento, nos meus diários. Nesses instantes de encontro, a distância entre os séculos é suspensa:

> Uma dama muito bela e de boa índole, habilidosa na escrita e na composição poética, envia uma carta queixosa ao amado. Este lhe responde apenas formalmente, não a visita e a abandona em sua dor: esta é, sem dúvida, uma atitude que causa raiva e desagrado até mesmo a terceiros, mas o incrível é que esse homem sequer percebe o sofrimento dela.

22 de outubro do Ano 1

Da segunda vez foi ele — a partir de então seria sempre ele —, uma semana depois do meu aniversário. O aniversário caiu numa sexta e comemorei com amigos num karaoke até as cinco da manhã, numa felicidade exagerada. Ele não foi.

Na segunda vez em que nos separamos, acordei no dia seguinte e andei dezenas de quilômetros. Na caminhada concebida por Rafael, arquiteto que criou trilhas urbanas por São Paulo, escolhi palavras para os pontos de parada, tarefa atribuída pelo organizador. Foram sete ao longo do domingo, do Centro à Zona Oeste, nascidas do cansaço.

Éramos apenas três: eu, Rafael, que havia conhecido meses antes para uma reportagem, e uma moça muito quieta. Eu batizava as paradas, ela tricotava um tapete do tamanho do dia, e Rafael desenhava em sua caderneta preta o horizonte de prédios como um gráfico de barras. Fomos uma trupe esquisita pelas muitas horas do domingo.

1 — Ruptura
2 — Fluxo
3 — Flor
4 — Satã
5 — Adoniran
6 — Aurora
7 — Rio

No bar, um bêbado:
— Você não vale nada, mas ela é de ouro.
— Olha quem fala.

27 de outubro do Ano 1

"Todos os poemas de amor são ridículos", acrescentaria Álvaro de Campos, se pudesse. Se há amor, as cartas, ou os poemas, serão ridículos. É seu pobre destino.

Não ser amado
É esperar no cais
Um navio que logo ali
Flutua

A única intimidade que os homens traziam para o diário era a que existia entre eles e Deus. Protestantes transcreveram suas experiências espirituais no século 17 como tentativas de se aproximar do divino já não mediadas pelos sacerdotes católicos depois da Reforma de Lutero. Foi assim que a vida íntima deles, ou parte dela, acabou nos cadernos. Isso antes que os diários caíssem nas mãos das mulheres europeias, um século depois, o que significou que esses homens fizeram a transição entre o público e o privado no gênero. Alguns até largaram as mãos de Deus e, com o tempo, se atreveram a confessar pecados sem desejo de redenção.

O secretário da Marinha Britânica Samuel Pepys começou a manter um caderno em 1660 e, apesar dos primeiros registros serem mais burocráticos — contas, tarefas, louvações —, logo passou a escrever sobre o primo chato, o ciúme da mulher, suas escapadas. Entre a conversão e as vontades da carne, bastaram algumas entradas.

Em 20 de novembro de 1668, ele cita o combinado que fez com a esposa: só sair acompanhado dela, para que não se rendesse a tentações. Apesar das palavras "gentis" que o casal troca pela manhã, mais tarde, naquele mesmo dia, ela se insurge contra ele:

> Mas quando volto para casa, esperando um maior grau de paz e sossego, encontro minha esposa deitada em sua cama novamente com uma raiva horrível, xingando-me de todos os nomes amargos e, levantando-se, começou a me insultar da maneira mais amarga do mundo, e não pôde evitar de me bater e puxar meu cabelo, o que resolvi suportar, e tinha boas razões para suportar.

Uma noite de outubro do Ano 1

Chamávamos aqueles encontros de "bares da depressão". Eu chorava a separação enquanto apresentava a Pedro meu novo, já velho, amor. Meu amigo lamentava o seu, mais recente e passageiro — assim saberíamos no futuro. Pedro sempre foi explosivo. A minha chama queimava azul. Ele me consolava com elogios disfarçados até o bar fechar e sermos os últimos atrás do portão de aço, a cerveja quente, um começo de enjoo e "Dreams" tocando pela décima vez. Numa noite, o vendedor de flores.

O vendedor de flores carrega rosas, margaridas, tulipas muito pálidas, despedaçadas, de cabos moles. Deixa-as sobre as mesas do bar, aquelas pétalas desmaiadas que pedem, por favor, uma moeda, qualquer coisa.

Os namorados olham o pequeno homem negro com compaixão, depois curiosidade e, por fim, desconfiança. Em segundos, os olhos gentis apertam-se, a testa cria rugas e a boca entorta. Pobres tulipas e margaridas, ali por qualquer coisa.

Quanto será que custam?, pergunta-se em voz alta a moça de vestido curto. Tem cabelos soltos, fita na cintura e o queixo apoiado na palma da mão, sob a observação atenta do namorado.

Ai, são flores de cemitério!, ela conclui de supetão, num pulo, levantando o vestido até as coxas ao se ajeitar de novo na cadeira. Ele deve pegar dos túmulos da Consolação..., diz para o outro, que arregala os olhos.

E então os namorados olham pela janela, encarando a noite, e depois voltam sua atenção para a rosa morta que descansa sobre a mesa.

4 de novembro do Ano 1

Entre a caneta e o papel, muralhas imensas. Mesmo assim, as letras continuam a se desenhar na página, alguns "b", muitos "a", áses, azares, asinhas, aviões.

Porcima
Tento pular o obstáculo que se impõe. Deumlado   deoutro,
Porbaixo.
Não tem jeito, as linhas continuam a bater
bater
bater
no concreto.
Tem alguém aí?

Nos diários, os homens cavaram de joelhos os caminhos para a intimidade, às vezes abrindo-se, como Pepys, para falar de suas mesquinharias. Já as mulheres dilataram essas trilhas como fazem crescer suas partes internas, dando à luz algo que num instante é delas e, no outro, integra o mundo. A maior ousadia e a mais profunda imersão na escrita da própria vida — então inéditas, nesse formato, na história europeia — foram de autoria de Marie Bashkirtseff, hoje considerada uma das grandes pintoras do século 19. Nascida na aristocracia russa, Bashkirtseff se mudou ainda jovem para a França, onde os cadernos íntimos tinham se espalhado pelas altas classes. Eram tempos do fim do romantismo — Lord Byron já havia dissecado os universos particulares, os amores trágicos, os ideais utópicos — e do princípio da psicanálise, com Freud revelando o inconsciente, um Novo Mundo a ser desbravado, ou invadido.

Bashkirtseff, portanto, voltou-se ao interior de sua vida. A sua ânsia por liberdade, seus anseios de grandeza, seus apaixonamentos precários, suas irritações, seu tédio. Não que pudesse viajar sozinha por aí, mulher do século 19 e aristocrata que era, mas fez de sua jornada íntima um exemplo que outras poderiam seguir. Disse a suas contemporâneas que o mergulho em si era não apenas permitido, como poderia — e deveria! — ser propagado.

"Se não morrer muito moça, espero ficar como uma grande artista. Mas se morrer cedo, deixarei, para ser publicado, o meu diário, que não pode deixar de ser interessante", escreveu no prefácio que produziu pouco antes de morrer de tuberculose, aos 25 anos.

Publicado postumamente, em 1887, seus escritos geraram na Europa uma onda de mulheres que narravam suas vidas para serem imortalizadas. Ou para existir, se não nesta terra, com seus feitos e filhos, debaixo dela, como palavra.

Do diário de Marie Bashkirtseff

Quinta-feira, 2 de janeiro [de 1879]

O que mais invejo é a liberdade de andar só, ir e vir, sentar nos bancos do jardim das Tulherias e sobretudo do de Luxemburgo, parar nas vitrinas artísticas, entrar nas igrejas e museus, passear à noite pelas velhas ruas; eis o que invejo, a liberdade sem a qual ninguém se pode tornar grande artista. Acreditam que se possa aproveitar o que vemos, quando acompanhadas, ou quando, para ir-se ao Louvre, é preciso esperar o carro, a dama de companhia ou a família?

Que inferno! é então que me enfureço por ser mulher! — Vou arranjar vestidos burgueses e uma cabeleira que me enfeiem tanto, ao ponto de me tornar livre, como um homem. É a liberdade que me fez falta e sem ela não se pode chegar a ser alguma cousa.

Em 1989, Margo Culley, uma especialista em literatura produzida por mulheres, publicou um artigo sobre a transformação do diário em gênero feminino. O título é "I Look at Me: Self as Subject in the Diaries of American Women" [Eu olho para mim: o eu como objeto nos diários das mulheres norte-americanas]. As razões não seriam, para Culley, aquelas defendidas por vários estudiosos do tema, ou seja, que a vida delas — a nossa vida — é mais fragmentada e por isso também seria a nossa escrita ou que os outros gêneros estariam fechados a elas — a nós — e nos restariam apenas os cadernos pessoais.

Os motivos que levaram a essa mudança na metade do século 19, e à preservação da tendência ao longo das décadas, seriam mais complexos. Parte da resposta é a emergência da vida interna como assunto principal dos diários. Afinal, foi apenas nos últimos 160 anos que seu conteúdo tem sido o registro de pensamentos e sentimentos íntimos, destinados a serem protegidos dos olhos alheios.

À medida que o público e o privado, a casa e a rua, foram se separando, os aspectos da cultura ligados ao privado se tornaram domínio das mulheres. Antes da Revolução Industrial, essas divisões não eram tão claras, com as famílias trabalhando juntas nos campos europeus. Por mais que os filhos sempre fossem responsabilidade das mães e os homens passassem mais tempo fora de casa, a separação rondava o ambiente doméstico: as lavouras próximas, as oficinas dos artesãos, os sapateiros e marceneiros a ocuparem cômodos vizinhos à sala, onde a esposa costurava. Com as indústrias e a profissionalização do trabalho, no século 19, a divisão foi firmada. Mesmo que as mulheres fossem empregadas em tecelagens, os cuidados com a família não deixaram de ser encargo delas. Os homens, por sua vez, ganhavam as calçadas todas as manhãs rumo às fábricas, aos escritórios, e voltavam à noite, depois de uma parada não tão rápida na taberna local. Ao mesmo tempo, as novas ideias sobre o "eu", influenciadas pelo romantismo e pela "descoberta" do inconsciente, contribuíram para mudar o conteúdo e a função dos diários.

Com o desenvolvimento do gênero como um registro secreto da existência, ele se aproximou das mulheres. De suas cozinhas e mesas de costura, e nos breves momentos de paz, elas recorriam a seus confessionários como espaço em que se permitiam entregar-se ao "egocentrismo total". Mas essas são as palavras de Culley, numa tradução livre. Se fosse formular a ideia a partir da minha boca, não diria assim. A pesquisadora faz parecer que a entrega era de alguma forma imoral — e talvez o fosse: afinal, o que era uma mulher para ousar entregar-se a si mesma? Para gastar tempo com a própria existência?

Enquanto isso, os homens, desacostumados a expressar suas vidas internas de qualquer maneira que não fosse religiosa, abandonaram o diário.

Enquanto escrevo, penso no pátio em frente à cozinha, onde estou agora. Digo "penso", porque, enquanto escrevo, não o encaro; olho para a tela do computador e o pátio é um pano de fundo desfocado. Uma noite, há algumas semanas, naquele estreito espaço retangular, Marta, a dona da casa na qual alugo um quarto, me falava sobre o livro que embala há dez anos. De tempos em tempos o relê, tira e acrescenta palavras, acaricia suas frases e o imprime, penteado, em milésima versão. O livro, no entanto, segue sendo o que ainda é: um projeto, um arquivo, o potencial de. Conversávamos sobre as amarras que nos seguram, as que, por um motivo difuso e assim gerador de angústia, mantêm o livro de Marta no limbo. Não é que não esteja escrito — está —, nem que não lhe interesse mais — ela o menciona com paixão —, mas parece que nunca está pronto, nunca é o suficiente para tornar-se o que talvez já seja. Conversamos que um livro a faria escritora ou, pelo menos, daria início a esse processo, mas ela recusa a alcunha: não, não poderia nomear-se assim, não tem o necessário, é uma *amadora*.

  Sobre a mesa da cozinha, na capa de *Diário de escritores*, converso com Myriam Ávila. Seu tema de pesquisa são os diários mantidos por escritores e a utilidade desses registros no processo de criação literária e formação do autor. Como sabem aqueles que escrevem, nenhum curso oferece diploma do ofício — quem se reconhece como capaz de exercê-lo é o próprio autor. E como seria mais simples se houvesse um canudo.

Nas páginas de sua obra, Ávila define o escritor "por um critério sociológico", "como aquele que é socialmente reconhecido como tal". Nas palavras de Pierre Bourdieu, que ela adapta em seu raciocínio, "escritor é todo aquele que provoca algum efeito sobre o campo literário, não importa se já durante a sua vida ou postumamente".

Os termos insinuam a dificuldade das mulheres, as donas da casa, de se colocarem nessa posição. Para declarar-se escritora, Marta precisaria deixar o pátio à minha frente. Ali, onde a vejo, ela é nada.

18 de novembro do Ano 1

Um diário também pode conter ficção, apesar de, por definição, não ser ficção. Afinal, ele serve como arena de testes de personagens, tramas, vozes, mesmo que se chegue a um beco sem saída, como neste caso.

As nuvens rolavam no céu — cinza, laranja, rosa —, abrindo, entre elas, pequenos intervalos de azul.
Naquele momento eu pensava que nunca poderia escrever um romance. Onde já se viu descrever apenas diferentes tipos de céu? Não dá personagem, trama, narrativa. Não dá. Era a voz do professor massacrando os ímpetos infantis:
"Mas nem uma ação, um diálogo, só um pôr do sol?".
"Não dá, não dá!", ele repetia.
Pensava que nunca poderia construir uma persona complexa o suficiente para parecer real, porque Ela mesma era rasa. Uma figurante de novela andando pelas ruas, confundindo-

-se com as linhas de calçadas e tijolos, camuflada em duas dimensões.

"Não dá, não dá!", censurou uma colega.

"Não viveu nada e quer escrever!"

Era uma figura plana, escorrendo, esvaindo-se, carregada pelo vento por ser oca.

Então voltou a olhar para as nuvens, já em terceira pessoa: tinha longos cabelos castanhos, olhos verdes e ainda não havia experimentado tantas desilusões.

Os diários de escritoras (e escritores) nos ajudam a entender seus processos de criação. Mas só os cadernos delas desvendam outros segredos: os embates para se assumirem como mulheres que escrevem.

Em *The Hidden Writer: Diaries and the Creative Life*, a professora norte-americana Alexandra Johnson se concentra nos diários de mulheres escritoras, que os usavam como "mapas" de suas vidas criativas, rascunhos de narrativas, laboratório de personagens e, às vezes, como obras prontas. A vida *como* obra. Seja lá como for, todas falaram dos obstáculos postos entre elas e a literatura. Qualquer escritor, independentemente do gênero, lida durante a carreira com dúvidas sobre vocação, falta de dinheiro, julgamentos da família, expectativas em torno do sucesso e temores de rejeição. No entanto, para Johnson, os diários mantidos pelas mulheres "mostram claramente as proibições sociais e psicológicas de se tornar uma escritora".

"Sabe que, para mim, vida e trabalho são duas coisas indivisíveis", diz Katherine Mansfield a seu diário. Já W. B. Yeats: escritores são "forçados a escolher a perfeição da vida *ou* do trabalho". Alexandra Johnson: diários mantidos por mulheres exploram o laço entre vida e literatura. Afinal, como a lição de Yeats valeria para elas? Sófia Tolstaia dando à luz o nono filho enquanto tentava produzir contos e Anaïs Nin abrindo mão de sua máquina de escrever para ajudar o amante, como ela anota em fevereiro de 1932:

> Recebo cartas de Henry [Miller] dia sim, dia não. Respondo-lhe imediatamente. Dei a ele minha máquina de escrever, escrevo à mão. Penso nele dia e noite.
> Sonho com uma outra vida extraordinária que vou viver algum dia, que talvez possa mesmo encher um outro diário especial. Ontem à noite, depois de ler o romance de Henry, não consegui dormir.

Onde está a divisão para a dona da casa, a mãe dos herdeiros, a cuidadora dos homens, a que é feita para amar? Eu não a encontro. Para haver separação, as escritoras precisariam de uma esposa.

Na minha família, só duas ou três tias solteironas fugiram do título "dona de casa". Pelas descrições sobreviventes, eram altas, narigudas, de ombros largos e boca dura como uma linha reta. Sem homens, sem filhos, dois ou três postes desacompanhados.

Sou a primeira dona de casa solteirona da família. Dona sem as aspas porque não exerço a função de maneira exclusiva, mas tenho a propriedade de onde moro — nome no contrato, corpo sobre a cama. Por mais que às vezes a divida, preservo-a como inteiramente minha, assim como a sala, a mesa de pernas torneadas, o forno que aquece rápido demais, a geladeira e seus zumbidos. Em frente a Outros me confundo. Sozinha, escrevo e existo.

Por séculos as mulheres da minha família dominaram o doméstico, como tantas. O mobiliar, o preparar a comida, o lavar as roupas, o aprontar o marido, e quantas vezes as vi, em meio a suas tarefas, falando sozinhas, esquecendo-se em si mesmas, nos amores que minha mãe assistia nos filmes norte-americanos e minha avó escutava pelo rádio de Montevidéu. Sonhavam outro homem, outra casa, outro país e mais dinheiro, mas nunca ouvi sobre vontades de fazer carreiras, inscrever o nome na história. Eu quero tudo isso. Mas não posso esquecer do território que habitaram por tanto tempo. Não há nada ali que mereça ser olhado por uma segunda vez? É preciso esquecer do doméstico porque ele foi ocupado pelas mulheres? É preciso esquecer que elas foram, e em parte ainda são, suas ocupantes históricas?

O isolamento e o desespero que uma mulher experimenta em seu quarto, sob as cobertas, e, mais internamente, em sua cabeça, não me parecem tão diferentes do que um explorador sente ao se perder em uma floresta inóspita ou em uma ilha deserta. A paisagem concreta se distingue, mas a psíquica pode ser igualmente aterrorizante. O que torna as experiências interiores menos valorosas? A partir de uma barata, Clarice Lispector criou o mundo. Montaigne compreendeu a alma humana de dentro de um castelo. Do íntimo se pode extrair o universo, não há nada pequeno nele.

A inexistência pública das mulheres da minha família talvez tenha me conduzido aos diários, registros despretensiosos e protegidos, para que ali se construam identidades que, sem eles, seriam apenas histórica e socialmente frágeis. Identidade e, também, autoria.

17 de janeiro do Ano 2

Ao telefone, nos desejamos um ano-novo muito feliz. Ele passou o 31 de dezembro com a família, e eu, com amigos que reunia em casa. Eram oito horas ainda, mas nos despedimos. Eu disse: aproveite!, e ele respondeu algo no mesmo tom. Bebi copos e copos de mojito para preencher o estômago e, pouco antes das duas da manhã, me fechei no banheiro. Me encontraram sentada ao lado do vaso, o celular na mão, digitando mensagens pela metade enquanto a cabeça escorregava pela parede. Depois de alguma resistência, me levaram para a cama. Acordei na manhã seguinte num susto, o vestido da festa enrolado no tronco e a casa perdida entre bitucas de charuto e pratos de bobó de camarão. Perdidas, também, dezenas de ligações. Atendi a última. Ainda bêbada, desejando me render após meses de determinação orgulhosa, disse que viesse. Entrou, comentou a bagunça e eu o beijei ainda mais desordenadamente enquanto nos levava para o quarto.

    Pouco depois, repetíamos nossos erros. Defendíamos, com uma confiança recém-adquirida, a "ordem natural" das coisas.

Fim

Como saber quando um poema acaba?
Não se sabe, respondem os versos
Não!
se!
sabe!,
reclamam os pequenos
Um poema simplesmente

Virginia Woolf pergunta ao seu caderno o que ele poderia ser:

Algo livremente entrelaçado & no entanto não desleixado, tão elástico que irá conter todo tipo de coisa [...]. Me agradaria que se assemelhasse a uma velha escrivaninha funda, ou a uma espaçosa mochila, onde a gente joga uma grande quantidade de miudezas sem nem um critério sequer.

Na espaçosa mochila, cujo conteúdo é tudo de mais grandioso e banal, ela diz que "exercita literatura". No seu fundo insondável, estabelece padrões, cria efeitos, explica a si mesma o que deseja de seus livros: capturar os discretos e arrasadores tremores do subconsciente. Ali, anuncia em 17 de outubro de 1924, inventará sua próxima obra, como já tinha feito com *O quarto de Jacob* e *Mrs. Dalloway*.

No diário, "eu me crio", escreve uma Susan Sontag de 24 anos. Seria "superficial" defini-lo só como confidente mudo, reservatório de segredos e pensamentos sigilosos, porque era também um espaço de prática da individualidade: "Ele me representa como emocional e espiritualmente independente".

Em suas páginas, Sontag declara construir seu ego para se tornar escritora, mesmo que, suponha, deseje assumir a persona apenas por vaidade. Ela desconfia que nada tenha a dizer — o que, numa revolta contra si mesma, rebate na sequência: "E no entanto por que não também isso? Com um pouco de construção do ego — como o *fait accompli* que este diário proporciona — eu vou superar as dificuldades para adquirir a confiança de que eu (eu) tenho algo a dizer, e que deve ser dito".

Copio suas palavras como um tipo de solução para a minha própria mudez, e porque não há trecho que melhor explique o que eu (eu!) tento fazer neste livro.

Um dia de janeiro do Ano 2

Uma pergunta: escrever para amar ou amar para escrever?

Faço tudo
Ao mesmo tempo
Escrevo estas linhas
Escovo os dentes
Penso na inutilidade
Do poema

Na noite em que Sylvia Plath e Ted Hughes se conheceram, na festa de uma revista literária em Cambridge, no Reino Unido, ela mordeu o rosto dele até sair sangue e ele lhe arrancou os brincos de prata. Era um sábado de fevereiro de 1956 e Plath, então estudante da Newnham College, estava "maravilhosamente bêbada" — havia derramado generosas quantidades de álcool no chão, nas mãos e na boca. Apesar de se sentir mal, como contou ao seu diário no dia seguinte, dançou o jazz, permitindo que seu corpo mole fosse conduzido pelas mãos também pouco firmes dos amigos. E "então aconteceu o pior": "aquele rapaz enorme, moreno, robusto, o único ali enorme o bastante para mim, que circulava mexendo com as mulheres, cujo nome perguntei no minuto em que entrei no bar, mas ninguém me disse, aproximou-se olhando firme nos meus olhos e ele era Ted Hughes".

A primeira frase que Plath disse ao ver Hughes foi o verso de um dos poemas dele — ex-aluno de Cambridge, já era um poeta publicado. A primeira palavra que Hughes disse ao ver Plath foi: "gostou?". Então perguntou se ela queria um brandy e foram beber em outra sala, fechando a porta assim que entraram. Conversaram aos gritos sobre literatura, resenhas e editores e logo ele a "beijou na boca puxa vida", arrancou seu lenço vermelho e seus brincos e disse que ficaria com eles. Quando saíram, o rosto de Hughes sangrava e ela dizia entender a paixão das mulheres pelos artistas: "tanta violência".

Em seus diários e também nas cartas para a mãe, especialmente nos meses depois desse primeiro encontro, Plath descreveu Ted Hughes como um homem enorme, rústico, magnífico, ariano. Na entrada em que relata a festa, diz que ele era o único exemplar masculino no local "tão grande quanto seus poemas", que eram "fortes e intensos como o vento forte na viga mestra de aço". Um poderoso representante da pura masculinidade, a quem desejava entregar-se "esperneando".

No domingo após o beijo em Hughes, Plath tentava, apesar da ressaca, produzir uma descrição detalhada do tratamento de choque ao qual tinha sido submetida há alguns anos, depois da primeira tentativa de suicídio. Planejava mandar o texto a um editor. O tema foi explorado no segundo livro dela — e primeiro romance —, *A redoma de vidro*, lançado em janeiro de 1963, um mês antes de sua morte.

Sylvia Plath não viu a publicação de *Ariel*, livro de poemas que a incluiu entre os grandes nomes da literatura. Matou-se aos trinta anos, enfiando a cabeça no forno enquanto os filhos dormiam num quarto próximo, selado com fita adesiva e panos para impedir a entrada do gás. Plath é mais conhecida pelas circunstâncias míticas do suicídio do que pela carreira literária em vida e, talvez, pelos versos cortantes de *Ariel*, capazes de balançar qualquer viga mestra de aço:

Toda mulher adora um Fascista,
A bota na cara, o bruto
Coração de um bruto da sua laia.

21 de março do Ano 2

Viagem de férias a Santiago. Na cidade, andei sozinha. Era difícil começar uma conversa com os estranhos à minha volta, no hotel e nas calçadas, porque, homens e mulheres avulsos, eles poderiam estar à caça. Eu não sabia se estava.

O homem de negócios passa apressado. Suas pernas são longas, magras, marcadas pelo terno barato. O vento faz com que a gravata voe e sua ponta pouse, invertida, sobre o ombro direito do homem de negócios de cabelos negros.

Ele fala ao telefone enquanto fuma um cigarro e me espia com o canto do olho. O tempo começa a mudar. Faz frio.

Minha cabeça dói e os olhos se fecham pela mistura de cansaço e cerveja. Quero dormir nesse banco de praça.

Quando enfiou a cabeça no forno, Plath não estava mais com Hughes, que a havia traído. Tinham se separado meses antes, meses que ela usou para escrever os poemas de *Ariel*, seus mais desagradáveis e célebres. Ele já estava morando com outra mulher, Assia Wevill, que, por sua vez, tiraria a própria vida e a da filha deles num futuro não tão distante.

Em seis anos de casamento, Plath não deixou de escrever, publicando seu primeiro volume de poemas, *The Colossus and Other Poems* [O colosso e outros poemas], em 1960, além de seu trabalho aparecer em revistas como *The Times Literary Supplement* e *Harper's Magazine*. No entanto, ainda não havia conquistado sucesso literário. Seu estado depressivo, entrelaçado a dúvidas sobre a vida familiar, a devoção de esposa e o destino de cuidados com os filhos, frequentemente a impedia de criar.

Deu aulas na Smith College, sua alma mater, como instrutora de literatura inglesa, fez um curso com o poeta confessional Robert Lowell, teve um emprego como assistente em Harvard, deu à luz duas crianças, e sofreu de depressão por muito tempo. Seus diários contam aos leitores os altos e baixos de seus dias e de seu processo criativo, com exceção, justamente, dos últimos meses, quando escreveu *Ariel*. Como todos os seus diários e originais, os dois cadernos finais ficaram sob a responsabilidade de Ted Hughes após o suicídio. Um deles foi destruído por Hughes e outro teria desaparecido, como ele mesmo revelou em prefácios a obras de Plath — textos recuperados pela jornalista Janet Malcolm em *A mulher calada: Sylvia Plath, Ted Hughes e os limites da biografia*.

Executor do espólio de Plath, o ex-marido foi responsável pela edição de seus diários, aqueles em que é retratado como um homem forte e rústico. Já nas cartas que escreveu à mãe sobre ele, Plath teria um tom "de êxtase histérico", definiu Malcolm. Em *A mulher calada*, a jornalista destaca a aparição inaugural do poeta nessas correspondências, em 3 de março de 1956: "Conheci, aliás, um brilhante poeta ex-Cambridge na festa da *St. Botolph's Review* [...] o único homem que já conheci aqui que seria forte o bastante para eu me tornar sua igual — a vida é assim".

Em seu diário, Plath fala das mulheres fortes que acabam se unindo a homens fracos porque eles permitem que suas companheiras vivam, ao menos, com parte da liberdade desejada. O pensamento não me é estranho, e não nego que me ocorreu em bares ou nas madrugadas depois de bares, já envolta nos braços de um homem — forte.

22 de março do Ano 2

Ao motorista do ônibus, pedi que avisasse quando estivéssemos perto de Isla Negra, uma das casas de Pablo Neruda. Não havia um ponto oficial de parada, então foram os ambulantes da beira da estrada que passaram as informações. Eles apontaram um caminho de terra batida distante da rodovia, depois das árvores, ladeado por casas de veraneio indistinguíveis. Por sorte, uma placa. Entrei por um portão de tábuas coloridas, à esquerda.

    A casa era construída como um navio, com cômodos subsequentes, estreitos e longos, voltados em grandes janelas para o Pacífico, que quebrava em rugidos lá embaixo. Os espaços tinham uma ordem fluida, sem paredes, tão marítima que fazia os pés variarem sobre as tábuas. Numa das salas, a coleção de carrancas de Neruda. Sereias envelhecidas, anjos e demônios gastos pelo atrito das ondas. Uma tinha cabelos loiros, ondulados, e esbugalhados olhos azuis do tamanho de punhos constantemente cerrados.

    Ouvi de um guia local que Neruda gostava de escrever na cama. Ao entrar no quarto do escritor, de teto baixo, no segundo andar, descobri-o amassado debaixo de cobertas de lã, o caderno apoiado sobre os joelhos, a cara de sono. Observei seu corpo torto sobre os travesseiros, numa posição que ele insistia em manter, e decidi que desejava o mesmo: nunca precisar sair.

Quando desci para o mar, um grupo de meninas sentava-se sobre as pedras. Eram estudantes num passeio escolar e, a pedido da professora, deveriam escrever poemas. Algumas afastavam-se do grupo em direção à espuma, pernas cruzadas sob as saias, contra o granito, blocos de anotação sobre o colo e olhos espremidos para extrair do horizonte qualquer rima. Outras se deitavam na areia, a cabeça descansando sobre as coxas nuas das amigas, a fumar e rir de segredos. Encarei o Pacífico com seriedade, porque sempre fui uma boa aluna.

Hace frío
en el mar de Neruda
Las olas lloran
su ausencia

Expulsan con sus aguas
con sus fuerzas
contra las piedras
las aspirantes a poetas
Pequeñas falsificadoras
sin anteojos
ni niñez[*]

---

[*] Faz frio/ no mar de Neruda/ As ondas choram/ sua ausência// Expulsam com suas águas/ com suas forças/ contra as pedras/ as aspirantes a poetas/ Pequenas falsificadoras/ sem óculos/ ou meninice. (Os trechos em língua original foram traduzidos pela autora.) (N.E.)

23 de abril do Ano 2

De volta a São Paulo.

Manhã

As pintas em teu peito
Elas, marrons, ele,
rosado
Intercaladas por grossos e
enrolados
firmes pelos negros
Que acaricio com minhas mãos
brancas
De veias
azuis
E unhas
roxas
Deixando um rastro

de manchas
vermelhas
Pistas de onde estiveram meus dedos
frios
Contra tua pele
quente
E arranho linhas, círculos,
formas
de amor torto
Arlequim de suspiros, gozo
e cigarros,
de juras de amor
E pequenas mortes

Conto em teu peito e pintas a história
enquanto dormes,
imerso em tua barba ruiva e grisalha
Desenho as palavras em tua boca,
na minha
Um pacto silencioso
Repito que,
sem ti,
morreria
E continuaria vivendo

Os diários "não expurgados" de Anaïs Nin foram publicados depois de sua morte. Mais conhecida por seus escritos íntimos do que por seus romances e ensaios, tornou-se célebre pelas meditações e experiências com o amor e o sexo, sempre emaranhadas aos impulsos literários que as traduziam. Publicou seus cadernos em vida, mas com várias omissões. Nos anos 1980 e 1990, páginas até então ocultas começaram a ser oferecidas ao público nas tais versões "não expurgadas". O volume mais famoso é chamado *Henry e June* e descreve a paixão de Nin pelo escritor Henry Miller e por sua mulher, June, entre 1931 e 1932.

Miller e a escritora se conheceram num almoço com o advogado Richard Osborn, com quem Nin discutiria seu primeiro livro, um estudo sobre D. H. Lawrence. Ela conta ao diário suas impressões iniciais sobre o autor, e a semelhança com a descrição que Plath faria de Hughes não parece coincidência: "Quando ele saltou do carro e se dirigiu para a porta onde eu estava esperando, vi um homem de que gostei. Em seus escritos ele é extravagante, *viril, animal, opulento*. É um homem a quem a vida embriaga, pensei. *É como eu*".

"É como eu" ou "meu igual" e, no entanto, manifesta-se como maior. Nin oferece sua máquina de escrever a Miller como se lhe entregasse suas palavras, as ideias que, diz em outra entrada, o amante rouba. Ela ajuda a pagar a publicação de *Trópico de Câncer*, romance inaugural do autor e hoje clássico da literatura erótica.

As elucubrações de Plath sobre mulheres fortes e homens fracos também aparecem nos cadernos de Nin. Em junho de 1932, ela pensa "com desagrado" na "tirania" de June, esposa de Miller, de quem ele frequentemente se queixava e que às vezes confessava temer: "Pensei: 'Não são as mulheres fortes que fazem os homens fracos, mas os homens fracos que fazem as mulheres superfortes'. Fiquei diante de Henry com a submissão de uma mulher latina, pronta para ser subjugada. Ele deixou que eu *o* subjugasse".

Na primeira vez que o vi, em uma sala escura, talvez um estúdio de rádio, eu o confundi com um homem forte. A camisa xadrez dobrada na altura dos cotovelos ou os sapatos de couro bem construídos devem ter passado a impressão que, nos instantes seguintes, se revelou equivocada. Sorria como um menino triste, mas disso eu já falei. A imagem gravada em mim, e que voltava com frequência mesmo durante as madrugadas divididas, quando bastava eu me virar na cama para examiná-lo de perto, era a do homem rústico, os pelos pretos no peito, os sapatos de couro, as mãos grandes. O retrato de meu pai aos trinta anos, construído repetidamente por minha mãe: pelos no braço, o pesado relógio de prata, a camisa aberta, um "homem com H maiúsculo", o que significava um homem que suportasse carregá-la.

Um dia de julho do Ano 2

*Queria que o amor fosse um fim de tarde
como brisa,
sob os restos de sol
E que ficássemos a passear de mãos dadas,
sem lugar para alcançar,
faríamos das pequenas ruas
nossa casa, nosso fim
E quando chegasse a hora anunciada,
seríamos levados pelo vento de outono,
parte por parte,
sem dor,
para nos tornarmos o fim de tarde
de novos namorados*

Em *O segundo sexo*, Simone de Beauvoir escreve que a palavra "amor" tem significados diferentes para homens e mulheres e, por isso, é uma das fontes dos mal-entendidos que os separam. Ela define o que podemos chamar de amor inautêntico, fenômeno influenciado pelas relações de gênero e que, por mais que também afete os homens, é investigado no livro pela perspectiva das mulheres.

Espera-se delas que manifestem o seu amor pelo autossacrifício, pela doação. Beauvoir enfrenta a questão aos dezoito anos, quando, apaixonada pelo primo, divide-se entre a ideia do casamento e o desejo de estudar, que pareciam inconciliáveis diante da devoção exigida:

> Somos tão diferentes! [...] Ele ama a felicidade; ele aceita o luxo e a vida fácil. Eu, eu tenho que ter uma vida devoradora! Vivo com grande desgosto por mim mesma, porque há um mês minha avareza intelectual e moral se tornou menos intensa. Eu preciso agir, me esforçar, perceber.

Os homens, diz Beauvoir em *O segundo sexo*, por mais que amem, nunca se abandonam completamente: "ainda que caiam de joelhos diante de sua amante, [...] permanecem no cerne de sua vida como sujeitos soberanos; a mulher amada não passa de um valor entre outros". Eles integram as mulheres em suas vidas, mas não submergem a existência inteira nelas. Do outro lado, há a total abdicação em benefício do mestre: uma mulher apaixonada é como um louva-a-deus. Alexandra Johnson argumenta que Anaïs Nin não conseguia dizer "não" aos homens — os quais insistiam que abandonasse seus cadernos — nem um "sim" pacífico para a própria criatividade; limitava-se aos diários. Os amantes a ocupavam por inteiro, assim como monopolizavam suas páginas.

Não são apenas as mulheres apaixonadas que se devotam ao Outro, Beauvoir explica. A construção do amor como autossacrifício toca mães, filhas, enfermeiras, cuidadoras. Agraciada pelo "direito sagrado" de gerar crianças, o que, desde a infância, é ensinado como seu fim primordial, muitas mulheres sofrem do que a filósofa define como devoção "masoquista" aos filhos, dos quais se tornam escravas, desistindo do prazer e da ambição para assumir o papel de vítima e negar às crias, por conta de seus atos de doação, o direito à independência. Assim, quando o objeto de devoção é perdido, seja ele um marido ou um filho, a mulher é levada ao desespero.

As justificativas para tais comportamentos passaram, ao longo dos séculos, pela afirmação de que o altruísmo, o masoquismo, a passividade e o narcisismo eram traços naturais do caráter feminino. Beauvoir, conhecida pela afirmação de que "Ninguém nasce mulher: torna-se mulher", rejeita as chamadas "leis da natureza". Sua filosofia, mais intrincada do que definir metade da humanidade como animais passivos e narcísicos, reconhece em todos os humanos o mesmo desejo por transcendência. Seria por meio da transcendência, da livre escolha das empreitadas e das relações com os demais seres livres, que qualquer humano poderia "ampliar seu domínio sobre o mundo" e conquistar uma vida com significado. No entanto, a liberdade para transcender não é acessível à maioria das mulheres, por condições sociais, econômicas e culturais. Ao não se verem como iguais ao parceiro e não serem reconhecidas por ele como tal, as mulheres se dedicariam ao amado na esperança de unir-se a um ser superior, de formar aliança com alguém que tem o poder de transcender. Sófia Tolstaia transcreveu suas passagens favoritas da ficção de Tolstói em seu diário de infância — carregava algumas delas dentro do vestido, contra o peito. Anos depois, quando já estavam casados, dizia viver através das palavras do marido ao copiar *Guerra e paz*, já que as suas, bem, as suas não interessavam a ninguém: "Ao copiá-lo, vivo por meio de um mundo completamente novo de ideias e impressões. Nada tem tanto efeito sobre mim quanto suas ideias e seu gênio".

Ao aproximarem-se do ser superior — animal, ariano, Adônis, homem de pelos nos braços —, as mulheres estariam mais próximas da transcendência. Para muitas delas, talvez mesmo para as que escreveram, mas não puderam libertar-se dos diários, como Nin, ou serem celebradas em vida, como Plath, o amor seria a única oportunidade de expansão do seu universo.

Uma mulher apaixonada na lógica do amor inautêntico busca validação de sua existência por um Outro e, ao devotar-se, espera que ele também se dedique inteiramente a ela. Ao tornar-se essencial para o amado, julga que "será integrada na existência dele, participará de seu valor, será justificada". Flertando com a contradição para assegurar sua transcendência, a mulher aprisiona o Outro, exigindo sua própria ratificação. Esses comportamentos, no entendimento de Beauvoir, seriam antiéticos, porque, ao doar-se por completo ao parceiro e, ao mesmo tempo, acorrentá-lo a si, a mulher não assumiria a responsabilidade pela própria vida.

Fui uma apaixonada inautêntica, esvaziada de responsabilidades, até o fim.

Do diário de Simone de Beauvoir

Terça, 30 de novembro [de 1926]

Onde estou nisso tudo? Sei que sou muito para ele, que ele pensou em mim nos momentos de solidão. Toda a timidez me abandonou; ele, ele ainda é minha grande ternura. Agora eu diria sim sem muito medo! Limitar minha vida não me preocupa mais; estou menos atraída pelo que é difícil. Uma vida muito simples de afeto, entre seres escolhidos, em ocupações inteligentes e fáceis, sem muitas preocupações morais e sociais, um amor tranquilo, uma paixão muito absoluta e confiante, verdadeiramente não peço nada além disso; eu não sonho mais com a dificuldade. As raras qualidades que possuímos podem ser usadas tanto para fabricar alegria quanto tristeza. Estou um pouco cansada de tantas lutas e lágrimas; eu agora acredito que a felicidade não pode realmente ser ruim para mim.

17 de setembro do Ano 2

London London, and bye bye, baby.

Com uma certeza que se impôs de súbito — talvez uma ânsia oculta, mas sempre presente —, decidi fazer um mestrado na Inglaterra. Me inscrevi em universidades, reuni todas as economias, preenchi formulários para uma bolsa, passei. Foi como se não levasse em conta o peso ou o tamanho da distância entre nós, como se, entre tantas separações, mais uma apenas nos fizesse mais fortes. Nunca pensei na fragilidade dos laços como algo que pudesse rompê-los. Na cegueira bem cultivada pelos que se apaixonam a sós, um fiapo do suéter dele ou um fio longo do meu cabelo eram mais resistentes do que todos os cabos submarinos.

Antes de ir, me convidei para passar algumas semanas no seu apartamento. Simulamos uma vida juntos, dividindo a cama, saltando muros, tentando nos encontrar no meio, entre a cozinha americana e a sacada. Às vezes, conseguíamos. Depois, uma carta de despedida sobre a mesinha do avião.

Carta não enviada nº

Ele,

Primeiro me apaixonei pelas dobras da sua pele quando você sorria. Queria morar nas curvas que ela fazia ao redor dos seus olhos castanhos e grandes e bons. Minha distração preferida era observar seu perfil à espera, à espera daquelas ondas.

Assim, decorei outras partes do seu rosto. O nariz de batata, os dentes angulosos na parte de baixo, as rugas na testa vermelha, como tudo quase sempre vermelho, e a boca macia, fechada.

Quando te ver não era mais suficiente — não que eu desconfiasse de um limite —, nos encontramos atrás do cemitério, numa noite de abril de baratas voadoras. Uma corrente elétrica me atravessou quando encontrei tua boca. Teus beijos leves e então com sofreguidão, a mesma que me acompanhou por meses de separações e reencontros. Essa mesma dor da despedida, talvez pior, muitas e muitas vezes. Vezes demais.

Mas aí, num passar de ano de ligações perdidas, encaixamos algo. Construímos o caminho de uma saudade, a que explode agora, neste avião. Tão longe. Me pergunto o porquê de ficar tão distante de ti. Devo encontrar algum motivo nas próximas semanas, mas confesso que minha vontade é constatar a falta de lógica dessa viagem e voltar, te pegar em casa de surpresa e me jogar na sua cama alugada. Ver você, feliz com meu retorno, mas contido, nesse seu jeito que eu chamo de elegância sentimental. No começo, eram as ondas da sua pele. Agora você é grande, grande a ponto de cobrir o Atlântico. Enorme.

18 de setembro do Ano 2

O aeroporto de Norwich era o correspondente aéreo a uma rodoviária de interior e suas poucas lojas estavam fechadas. Uma farmácia, um café, um quiosque de informações, os portões de ferro abaixados. Esperei um táxi por horas ao lado de passageiros do mesmo avião, porque não havia carros para todos. Ao meu redor, as malas reunidas como um forte.

Ao dividir o táxi com uma mulher de meia-idade, uma alemã ou holandesa que trabalharia na cidade por alguns dias, notei a minha voz ganhar fôlego ao falar sobre o mestrado em literatura, enquanto observava as paisagens verdes e planas pela janela, mas sem a calma necessária para me ater a elas. As palavras se atropelavam: Proust, sim, e Sebald, sem esquecer Virginia e o ensaio sobre a morte da mariposa o feito de escrever como o de trançar um único fio de aço que liga a todos pelo estômago a escolha sim sim os adeuses *miss very much miss* mas os olmos o patrimônio as ruas medievais, você não acha que cada palavra é uma pedra? Seguia num ímpeto, como se as frases precisassem acompanhar os campos em uma linha contínua.

Não me recordo dos traços da holandesa ou alemã nem do que ela respondeu, apenas que sorria com simpatia ou condescendência, como se faz com uma criança que conta sobre a escola durante o jantar.

Nos despedimos quando o carro parou em frente ao hotel. A construção era estreita, de tijolos à vista, uma casa de três andares. O quarto ficava no térreo e resumia-se a um corredor em que cabiam a cama e uma televisão de tubo, além do banheiro, onde a água do chuveiro caía sobre o vaso sanitário. Deitei sem tirar as botas — muito finas para o clima inglês. Sobre a cama, me cobri de culpa. Não dava notícias havia horas. Ele já devia estar me procurando por telefone, e-mail, redes, até os meios menos óbvios, talvez cogitasse pesquisar o hotel. Depois de algumas tentativas, consegui avisar que havia chegado.

Saí para caminhar no fim da tarde. O outono estava acabando e o casaco de malha foi esticado para dar voltas no corpo, tentativa de torná-lo mais do que era. Às margens do rio, sob pontes de pedra, águas esverdeadas ondulavam com a passagem de famílias de patos indiferentes ao frio. O anoitecer era pálido e, ainda assim, alegre.

Hoje, não tenho saudades.

Os olhos de Marie Bashkirtseff são oblíquos, puxados para cima. O mesmo vale para as sobrancelhas, não tão finas, e para as laterais do nariz retilíneo, afilado. Talvez também para as orelhas pontudas. Seus traços, em conjunto com a pose escolhida — os cotovelos apoiados, as mãos entrelaçadas, o queixo encostado sobre o dorso de uma delas —, compõem a expressão de enfrentamento. Abaixo da ilustração — que ocupa a capa da edição de 1943 do seu diário, há muito não reeditado no Brasil —, o título que dispensa a identificação da autora, por ser ela também o tema do livro: *O diário de Marie Bashkirtseff*.

Mas Bashkirtseff não fala apenas de si. Muitos personagens circulam por suas páginas, como a tia, a mãe, o pai, o irmão, amigos da família e vários homens, mas esses são, por natureza, intercambiáveis. Um substitui o outro e, apesar de dois (Pedro e A.) serem citados com mais frequência, nenhum a convence a se casar.

Eles são uma distração enquanto outras vontades estão muito distantes: "Escrevo e falo sobre todos os que me fazem a corte. Mas tudo isso não tem a menor significação. É, apenas, consequência de um grande tédio. Pinto, leio, mas não me basta", diz na entrada de 5 de abril de 1876.

Como "uma criatura vaidosa" que não pode ser poeta, filósofa nem sábia, Bashkirtseff decide ser cantora e pintora, arte que lhe atrai por produzir uma "obra imortal". Ela quer sobreviver à morte e para tal conta apenas com sua vida e seu desejo. O motor de suas ações é forte: "*Vaidade! Vaidade! Vaidade!...*", "A vaidade e as paixões são as senhoras do mundo".

Há muitas referências à vaidade da diarista ao longo do livro, termo que substitui suas ambições. Vaidosa tem como sinônimos "pretensiosa", "presumida", "orgulhosa", "presunçosa". Bashkirtseff era uma "criatura vaidosa" por desejar escrever, ou por se recusar a ser afogada nos deveres da domesticidade.

Enquanto permaneceu em Nice com a tia, uma das cidades francesas em que morou, Marie Bashkirtseff afligia-se com o correr dos dias dentro de casa entre visitas cerimoniais, conversas e refeições: "Será possível que a minha vida de moça vá transcorrer toda entre a sala de jantar e os mexericos domésticos?".

Em 30 de setembro de 1878, quando fez sua primeira pintura "oficial", uma natureza-morta, escreveu a um amigo que desejaria ser homem: "sei que poderia tornar-me alguém".

Um dia de outubro de 2017

Entre as palavras estrangeiras usadas em Norwich, o intraduzível da linguagem, dos livros, das intenções, do amor. Era um tema recorrente: como falar? E o quê? Não ser ouvida, não entender. E também: escrever poemas ruins, como toda boa estudante.

Pergunta I

Por que penso nessa língua estranha
que embola a minha
e machuca a boca
secando a saliva

Por que só escuto samba
em terras frias
e ilha deserta
de sol

Onde está minha mãe
e outros nasais
corações
pulmões
aviões
ai ai ais

Onde meu fígado se retorce
na falta
de teus dedos e da minha
língua estranha
que some entre os dentes

Um dia de novembro do Ano 2

Em uma das brigas por telefone, eu lhe pedi uma prova de lealdade. Que oficializasse seu divórcio o mais rápido possível, eu disse, que assinasse logo os papéis. Já que todo o resto não poderia ser mudado, ao menos isso. Isso! Ele relutou, sua voz variando sobre a linha.

Há sempre... algo
Este vazio

A obra de Marie Bashkirtseff não é muito conhecida no Brasil, e mantém, no exterior, um status que a afasta da grande literatura. Talvez por ser um diário, talvez por sua voz e domínio da linguagem não estarem amadurecidos aos 25 anos, quando morreu e, talvez, por relatar as minúcias de uma vida feminina, tomadas com frequência como menos interessantes do que as explorações e conquistas másculas... Seja como for, acredito que sua contribuição principal, para além da qualidade dos registros, é o fato de tê-los publicado, decisão que tomou ainda adolescente, levando-a a escrever um prefácio e a recomendar a publicação à mãe. Como sua própria heroína, recusou o casamento como única via e brincou com a ideia do amor sem abandonar a si mesma, usando a paixão para se resgatar pela narrativa. Sua ambição nos convida a sermos criaturas vaidosas.

Do diário de Marie Bashkirtseff

Sábado, 13 de abril [de 1878] — Aos vinte e dois anos estarei célebre ou morta.

Pensam talvez que só trabalhamos com os olhos e os dedos? Vocês que são burgueses nunca chegarão a saber quanta atenção contida, quanta comparação contínua, quanto cálculo, quanto sentimento, quantas reflexões são indispensáveis para se conseguir alguma cousa.

Sim, sim, o que estão a dizer... não estão dizendo nada, eu sei, mas, juro pela cabeça de Píncio (pode parecer-lhes ridículo, para mim não é) que me tornarei célebre; juro seriamente, juro-o sôbre o Evangelho, pela Paixão de Cristo, por mim mesma, que dentro de quatro anos serei célebre.

14 de janeiro do Ano 3

Estudávamos no mestrado Sylvia Plath e outras poetas mortas. Eu lia muito sobre sua cisão fundamental — a dona de casa, a esposa e a mãe, de um lado; a mulher, o desejo e a literatura, de outro —, e então buscava o mesmo sarcasmo sombrio, os mesmos jogos perversos de amor. Nas cópias didáticas produzidas antes que se possa criar algo original, eu usava a rejeição para brincar de crueldade.

Dear

I want to thank you
for opening a door
in my body
that will never close
again

I want to say to you
things that make me

*look good
so you might wonder
why such a beautiful
girl
is writing to me*

*Dear
You left me unanswered
holding a pen
in the air
talking to the lonely lady
who stares at me now
on the mirror**

---

* "Querido"
Eu quero te agradecer/ por abrir uma porta/ no meu corpo/ que não se fechará/ jamais// Eu quero dizer a você/ coisas que me/ enfeitem/ para que você possa pensar/ por que uma menina tão/ bonita/ está me escrevendo// Querido/ Você me deixou sem resposta/ segurando uma caneta/ no ar/ falando com a moça solitária/ que me encara agora/ no espelho.

A escrita de Marie Bashkirtseff moldou a ambição feminina no fim do século 19. Ao descrever seu corpo nu no espelho, admirando as mãos brancas e finas, os "braços incomparáveis", os seios bem formados, listando seus múltiplos talentos, ela ignorou os protocolos de gênero. Antes da publicação de seu diário, apenas um caderno feminino havia sido lançado na França, o de Eugénie de Guérin, irmã do poeta romântico Maurice de Guérin. Suas entradas, no entanto, representavam a modéstia recomendada às moças e tornaram-se leitura obrigatória nos círculos franceses, referendadas por mães que a tomaram como exemplo de conduta e estilo.

Quando o diário de Eugénie foi publicado, dezessete anos depois de sua morte, o do irmão já estava entre os leitores, o que estabeleceu a obra como o registro feminino ideal: não apenas prezava pela feminilidade modelo, como respeitava a hierarquia dos sexos. Não bastasse o fato de seguir os passos do irmão, Eugénie dedicou seu diário a ele:

Para meu amado irmão Maurice
15 de novembro [de 1834]

[...] Meu querido Maurice, vou continuar este pequeno diário de que você tanto gosta. Mas, como não tenho papel à mão, devo fazer uso de um caderno de treino costurado, destinado à poesia, do qual apenas removo o título; o resto, linhas e folhas, ficam todas como estavam; e por mais volumoso que seja, você o terá na primeira oportunidade.

A bem-comportada Eugénie escrevia suas entradas como partes de uma longa carta a Maurice, a quem contava os acontecimentos de sua vida. As mortes de conhecidos, respeitosamente sentidas, e as visitas de senhoras, timidamente celebradas. A imagem de boa moça não era apenas consequência de sua postura, mas também objeto de observação da diarista:

2 de dezembro [de 1834]

Madame de F acaba de ir embora. [...] Seu marido estava com ela e a levou apesar de nossos pedidos. A verdade é que ele próprio foi obrigado a regressar e não pode viver sem a mulher mais do que pode viver sem os olhos. Mulher feliz! sabe se tornar tão indispensável!

Editado, condensado, deletado e resumido, o diário de Bashkirtseff chegou às livrarias três anos depois de sua morte, sob responsabilidade de André Theuriet, contratado pela mãe da autora. A versão, com muitos trechos omitidos, dividiu a crítica, como escreve Sonia Wilson, que estudou os impactos literários e sociais da obra. O escritor francês Ferdinand Brunetière questionou: que direito teria essa "pequena pintora" de impor-se ao público? Outros viram em Bashkirtseff uma "falta de reservas" ou certa "abdicação da feminilidade". O jornalista e editor britânico William T. Stead reconheceu o gênio da diarista, mas não seu caráter feminino.

O culto a Bashkirtseff, que levou sua mãe a fazer tours pelo estúdio de pintura da filha, não foi passageiro, apesar da intensidade inicial. O entusiasmo de suas jovens leitoras transformou a obra em um fenômeno cultural. Não viram nela apenas um "documento humano", como previu a diarista no prefácio, mas o exemplo máximo de uma prática literária que já fazia parte de seus dias e na qual embarcariam em seguida. Anaïs Nin, aos 18, e Katherine Mansfield, aos 19, escreveram sobre seus encontros literários com Bashkirtseff. Em 22 de setembro de 1921, a primeira anota:

> Há muito tempo fui capturada pelo *Journal d'Eugénie de Guérin*. Adorei pela sua simplicidade, pureza, bondade. [...] Este diário é muito diferente; Marie Bashkirtsev não é boa, não é simples e escreve com uma franqueza que beira a grosseria. [...] O que senti durante todo o processo foi um espanto que nenhuma palavra consegue reproduzir. Espanto com sua ousadia, sua sinceridade, sua vaidade, sua presunção, sua arrogância, sua inteligência.

Do diário de Marie Bashkirtseff

Terça-feira, 29 de julho [de 1873]

Há quem diga que marido e mulher podem permitir-se algumas distrações e, no entanto, continuar a amar-se.

É mentira: não se amam, porque, quando um rapaz c uma moça estão apaixonados, podem acaso pensar noutras criaturas? Amam-se e bastam-se reciprocamente para se distraírem. [...]

[Escrito à margem, com a data de março de 1875]

Raciocinei, então, com muito acerto; mas, como se vê, não passava de uma criança. Essa palavra "amor" tantas vezes repetida!... Pobrezinha de mim! Há muitos erros e seria necessário corrigir tudo. Creio que agora escrevo melhor, mas não ainda como desejaria.

Em que mãos cairá o meu diário? Até agora, só poderá interessar a mim e aos meus. Gostaria de me tornar tão importante que o meu diário viesse a despertar o interesse geral.

28 de janeiro do Ano 3

Pobrezinha de mim! Essa palavra "amor" tantas vezes repetida! Creio que agora escrevo melhor, mas não ainda como desejaria.

A carta náutica que escrevi para que nunca chegasse a ti se perdeu. A carta que nunca te entregaria. Mesmo assim, fiquei triste ao perdê-la. Gostaria de reler minhas palavras, meus lamentos, sempre endereçados a nós. Dizia "não sei se sou eu, barco sem velas, casco furado, ou tu, porto frágil, tempestade". Dizia que sempre sobrava um amor não usado, um restinho para o dia seguinte ou para a outra semana, enquanto eu carregava a urgência do hoje. Agora, agora, agora. Agora. Eu e a urgência e tu e essa promessa fraca de amanhã. Quem sabe.

Esqueci as palavras certas ou será que já é tão difícil escrever sobre nós? Será que engoli tanto as tristezas que agora elas fazem parte de mim? Navegam pelas veias, conhecem as curvas, descansam no emaranhado dos vasos antes de seguir viagem. E, com elas assim, como posso escrever?

Elas me dizem que te odeio, que te odeio todos os dias, que quero estraçalhar teu rosto, furar tua pele, puxar teu cabelo e, com um chute, o chute dos sonhos que nunca te alcançaria, te deixar no chão. Te deixar no chão, paralisado, olhando para mim com surpresa e culpa.

Marie Bashkirtseff testemunhou o início da primeira onda do feminismo, marcada pelo movimento sufragista. A personagem desse movimento era conhecida como a Nova Mulher, definida por ser independente, educada, relativamente livre no sexo e mais orientada para a vida produtiva na rua do que para a vida reprodutiva em casa. A Nova Mulher chegava para matar o Anjo do Lar, explicou Virginia Woolf em uma palestra de 1931, depois publicada como o artigo "Profissões para mulheres".

A imagem do Anjo do Lar, uma idealização da feminilidade vitoriana, dedicada ao cuidado da família e do marido, foi criada pelo poeta inglês Coventry Patmore no século 19. Sobre Patmore, basta dizer que "The Angel in the House" foi o seu poema que ficou mais conhecido.

Numa seção chamada "The Wife's Tragedy" ou, em tradução livre, "A tragédia da esposa", ele escreve:

Man must be pleased; but him to please
Is woman's pleasure; down the gulf

Of his condoled necessities
She casts her best, she flings herself. *

Mas quão morto estava o Anjo do Lar, que sentia prazer em dar prazer, se no século 20 suas asas faziam sombra sobre as páginas de Virginia Woolf? Se ela ainda o sentia rondar seu quarto, lembrando-lhe dos filhos que não tinha e da proximidade do fracasso?

Dois de janeiro de 1923 foi, para ela, "um dia daqueles". Para tentar compreender seu sofrimento, evocou a vida da irmã Vanessa, pintora e mãe. Os filhos de Nessa, como Woolf a chamava, sua rotina caseira, as férias felizes em família — conseguir as duas coisas, mesmo sem saber se desejava ambas.

> E o que é isso & por quê? Um desejo de ter filhos, suponho; de levar a vida de Nessa; de sentir as flores desabrochando a minha volta involuntariamente. Aqui está Angelica — aqui estão Quentin & Julian. Agora crianças nada de passar mal de tanto comerem pudim de ameixa hoje de noite. [...] Eles fazem minha vida parecer um tanto nua às vezes.

Anos antes, Woolf prometera a si mesma nunca se convencer de que não valia a pena ter o que não conseguiu. "Nunca faça de conta que filhos, por exemplo, podem ser substituídos por outras coisas", continua a entrada de 1923, meses depois da publicação de *O quarto de Jacob*, romance divisor de águas na sua literatura, pela primeira vez tão experimental, e que precedeu *Mrs. Dalloway* e *Ao farol*.

---

* O homem deve ser mimado; mas mimá-lo/ É o prazer da mulher; no abismo/ De suas sentidas necessidades/ Ela dá o seu melhor; ela se lança.

1º de fevereiro do Ano 3

Por telefone, às seis horas de uma quarta-feira, numa lua de sangue. Ao contar aos amigos, descrevia nosso fim oficial assim: quarta-feira, 31, seis da tarde, como se a banalidade das circunstâncias tornasse a ligação mais dramática. Havíamos nos falado durante o dia e lhe escrevi "eu te amo" algumas vezes, para que ele me respondesse o mesmo. Eu lia *Relato de um náufrago*, de Gabriel García Márquez, quando o celular tocou.

Do outro lado da linha, as buzinas e sirenes de São Paulo enquanto ele dizia, já nas primeiras palavras: não dá mais.

O quê não dá?, eu perguntei.

No diário, apenas isto:

Até quando dura a saudade?

3 de fevereiro do Ano 3

Tranquei portas, escrevi e-mails aos professores justificando minhas ausências por um "imprevisto familiar", assisti a filmes de terror e comprei uma passagem para Berlim, onde passaria alguns dias com a minha irmã.
    Um grande temor costuma subjugar, tirar a primazia de outro. Acredito que o mesmo aconteça com a dor. Não senti medo durante o voo, como era habitual, nem as palmas da mão se encharcaram. Tentei ler os textos de uma das aulas que perderia enquanto um homem muito magro e alto, branquíssimo, com exceção dos cabelos pretos de gel, puxava conversa do assento ao lado: trabalho ou lazer?

Endereço da Gabi
Gutz Kowstraße 8A, 10827
Telefone: 016 34879466

Katherine Mansfield decidiu duas vezes não ser mãe. Mudou--se sozinha da Nova Zelândia para Londres, aos dezenove anos, depois de ter passado a adolescência num internato londrino e não ter se adaptado na volta à ex-colônia. Quis ser escritora. Para isso, recebia do pai uma pensão anual de cem libras que mal dava para pagar o aluguel e a comida. Os meses após sua mudança expõem a dor que uma mulher pode encontrar quando ousa viver livremente, como se se arremessasse a um abismo com garantia de pouso nas pedras.

Katherine apaixonou-se por um violinista, casou-se com um homem mais velho com quem ficou por apenas uma noite, voltou ao violinista, engravidou. Sofreu um aborto na Baviera. Seus trabalhos começaram a sair em periódicos. Retornou ao marido, deixou-o de novo, envolveu-se com outros homens, teve uma segunda gravidez, um segundo aborto. Publicou um primeiro livro de contos, mas seu editor faliu. Conheceu John Middleton Murry em 1912, com quem permaneceu o resto de sua breve vida, entre aproximações e afastamentos. Não tiveram filhos, mas filhos são citados algumas vezes no diário de Mansfield, não como desejo, e sim como lembrança dolorosa ou ideia fracassada. Os cadernos e as cartas da escritora, editados e publicados por Murry após sua morte, são dominados pela literatura: os ímpetos de escrever, as críticas que produz e pelas quais é paga, as tramas para futuros contos, o relatório de sua produção. No mesmo espaço, esforçou-se por anos a fim de encontrar uma nova estrutura para seus textos, buscando um tipo de "prosa especial" que retratasse a desconexão da memória e do pensamento e estivesse longe da segurança do doméstico. É o estilo que Alexandra Johnson chama de "poesia da descontinuidade".

Em uma carta a Murry em outubro de 1920, ao refletir sobre o que havia conquistado até então — uma coleção de contos bem recebida pela crítica, textos publicados em revistas literárias —, Mansfield não esquece o "terror" de quase uma década em Londres: "você tem aí minha vida, feita de sustos, entusiasmos, terrores, excitamentos — de fato, a força ativa de uma insurreição". A vida apartada de casa, uma obra produzida em apartamentos alugados e quartos de hotel como um tipo de revolta, e o preço pago por ela.

"*I am a writer first & a woman second*", define Mansfield. Uma escritora em primeiro lugar e uma mulher em segundo. Não acredito que a divisão seja possível, mas a hierarquia expõe o peso da literatura para a autora — maior do que o de um feto no ventre ou de um homem nas mãos, já ocupadas. "Eu sou uma reclusa no momento", ela contou em correspondência a Bertrand Russell, "& não faço nada além de escrever & ler & ler & escrever — não vendo ninguém e indo a lugar nenhum".

Do diário de Katherine Mansfield

Janeiro [de 1914]

Então, pensei: se eu tivesse um filho, brincaria com ele agora e me perderia nele, e o beijaria, e o faria rir. E eu usaria uma criança como escudo contra meu sentimento mais profundo.

Quando eu sentisse: "Não, não vou pensar mais nisso de novo; é intolerável, é insuportável", eu dançaria com o bebê.

Isso é verdade, eu penso, para todas as mulheres. E isso responde pelo curioso ar de segurança que se vê nas jovens mamães: elas estão a salvo de qualquer complicação de sentimentos, por causa do filho que têm nos braços. E vale também para as mulheres que chamam os homens de "filhos". Essas mulheres se realizam, chegam à plenitude com seus homens, fartam-se, num estado de absoluta estultice. Observe o sorriso ardiloso, contente, das mulheres que dizem: "Os homens não passam de bebês".

Um dia de fevereiro do Ano 3

De volta a Norwich.

Formas de medir o tempo

Pelas sessões de meditação
Pelas passagens do ônibus
Pelos horóscopos
Pelas páginas dos livros
Pela granola que acaba
Pela tinta da caneta
Pelos pelos da sobrancelha
Pelo hidratante no pote
Pelas folhas do caderno
Pela resistência do sol
E por sua ansiedade
Pelas pontadas no peito
Por você

No meio do manuscrito de "O seu primeiro baile", um de seus contos, Katherine Mansfield anota: "Tudo isso! Tudo o que escrevo — tudo o que sou — está na orla do mar. É uma espécie de brincadeira. Quero pôr *toda* a minha força nisso, mas, por algum motivo, *não consigo!*". Toda, toda, toda: Mansfield via-se completa, íntegra a ponto de querer despejar *toda* sua força na escrita. Quem se sente falha não pode exprimir tal ímpeto. E, mesmo assim, referia-se aos filhos mortos como seres faltantes, e ao marido distante como um ativo escasso.

Elas se perguntavam: é possível existir dos dois jeitos? Sentir-se inteira e cheia de buracos? Ser uma escritora livre de culpas? Ou uma louva-a-deus sem ambição? Apesar dos esforços, sofriam. Ainda eram cidadãs de segunda classe.

A mãe de Mansfield confessa à filha, e esta confessa ao diário em 1920, que preferia não ter se casado. Queria mesmo ter sido exploradora:

"Os rios da China, por exemplo."
"Mas o que você sabe dos rios da China, minha santa?" — per-

guntei, pois mamãe não conhecia nada, absolutamente nada, de geografia. Sabia menos que uma criança de dez anos.

"Nada", concordou ela. "Mas posso *sentir* o tipo de chapéu que eu deveria usar."

21 de março do Ano 3

Minha mãe veio me visitar e brigamos num quarto de hotel em Londres até eu cair no chão. Não sabia para quem eram as lágrimas, apesar de saber que são sempre para ela. Minha mãe viajou para me ajudar, foi o que ela disse. Eu pedi que viesse. Me peguei revendo o pedido assim que nos sentamos nas camas gêmeas do pequeno quarto de hotel, uma mesa da cabeceira entre nós, um espelho horizontal nos refletindo na parede oposta. Sentadas, murchas. Escrivaninha, televisor num suporte, banheiro estreito, banheira. Brigamos porque o dinheiro era pouco e não dava para pegar um trem até Edimburgo, onde queríamos passar alguns dias. Gritei por ela nunca se planejar, por não pensar no futuro, por não pensar em mim. Gritei e chorei por ela e pela filha que fui em todos os anos da minha vida. Ela gritou em resposta, as bochechas vermelhas de pressão alta, as mesmas acusações entrecortadas por lágrimas grossas, os pulsos contra a própria cabeça, até cair na cama, esgotada. Era sempre assim. Começávamos embaladas por mágoas mútuas e depois de algum tempo percebíamos que não havia justiça possível. Nunca haveria. E caíamos.

Escrevi o poema ainda na cama, numa manhã em Edimburgo, para onde fomos de ônibus, opção mais barata. Minha mãe rondava o quarto de camisola enquanto eu tentava esconder o caderno sob o cobertor. Eu não sabia para quem escrevia poemas, se para ela, para ele ou para a dor que pinçava quando os via, notando, talvez, que o sofrimento é sempre maior do que uma pessoa só. O amor dói em cascata; é como o efeito dominó, basta derrubar a primeira.

Pergunta II

Onde anda você?
Com que peso
Ou alívio
Carrega minha ausência
Com que silêncio
Ou grito
Desejo
Ou falta

Com que palavra
Pensa em mim
Com que ânsia
Ou mistério
Com que sede
E náusea

Se te seguro
Aqui
Se te repito
Nos lábios

Se te enlaço
Com as coxas
No escuro desta noite
Tão longa

7 de abril do Ano 3

Às desculpas para vê-lo, dei o nome de "conversas de finalização", e esta foi a primeira. Ele encerrou tudo de forma definitiva. Não dá mais, não te amo. Mas eu insistia em obsessivas "conversas de finalização", um exercício clássico da amada rejeitada ao qual me apeguei com afinco. O motivo, eu argumentava, era nobre. Era o ponto-final necessário, o momento supremo de pacificação. Não sabia, como ainda não sei, que momentos assim não podem ser agendados. Acontecem, apenas. E às vezes corre muito tempo antes que possamos reconhecê-los.

Dois meses depois de ele repetir por três ou dez vezes, por todas as vezes que perguntei, que não me amava mais, pedi que falássemos por vídeo. Em Norwich, o inverno cedia à primavera. Antes da chamada, me sentei em um dos bancos em frente ao lago da universidade, examinando grupos de estudantes que escorregavam pela lama fresca, e descansei o caderno sobre os joelhos.

Carta nº

Ingrid,

Te escrevo como alguém que conhece tua vontade de criar, crescer, expandir. Um dia, a dor vai passar e deixarás que ela abra espaço para o que quiser entrar.

O futuro te espera. Dias melhores virão e, se fechares os olhos, escutarás os passos.

Deixe que cheguem (por favor!) (Acho que não aguentamos por mais tempo tanta melancolia...)

De quem te ama e torce por ti,
Ingrid

Virginia Woolf descrevia a si mesma e à irmã Vanessa como duas "revolucionárias, reformistas" que teriam nascido cinquenta anos antes do tempo delas. Foi preciso que o pai morresse, em 1904, para que pudessem deixar a casa da família e perseguir os próprios impulsos. Vanessa, na pintura, Virginia, na literatura. Escrever era, para a última, mais do que um capricho ou uma vontade. Depois de anos de pesadelo familiar com a morte da mãe, da irmã, do irmão e do pai, sem mencionar os abusos sexuais dos meios-irmãos, ela via na narrativa uma maneira de nomear perdas e invasões. No diário, escreve que, na sua experiência, um choque era seguido por um desejo de explicação. E só ordenando as palavras o buraco aberto seria capaz de fechar-se de novo, graças à completude oferecida pela escrita, como uma argamassa de sentido: "essa sua inteireza significa que ele perdeu o poder de me machucar".

Eu poderia listar, além de Woolf, muitas escritoras em seus dilemas de remendar a si, dedicando-se à literatura, e doar-se a Outros, mas desisti da ilusão de encontrar uma saída à encruzilhada. As perguntas feitas por essas mulheres podem ser elaboradas de várias maneiras, mas querem dizer o mesmo: amar ou escrever? Assumir-se como filha, mãe, amante e/ou autora? A contradição parece insolúvel, uma vez que o apaixonamento, a maternidade, a rejeição e a loucura foram combustíveis para a literatura delas e, ao mesmo tempo, o que as reprimiu como autoras e seres humanos. Ao percorrer mais uma vez minha experiência, percebo como, sem saber, estive às voltas com o labirinto. Pergunto sem julgamento, com curiosidade: será que saímos dele?

Enquanto se preocupa com uma possível traição da namorada, à uma e quinze da manhã, Susan Sontag pondera em seu diário sobre a sexualidade feminina e, ensaísta prolífica que era, a cada parágrafo tenta arquitetar uma tese a partir de uma observação empírica. "O amor como incorporação", ela escreve em 1962, e a resistência a "ser incorporada", uma vez que as mulheres são dependentes de serem desejadas antes que possam desejar. "É preciso escolher o que alimenta", ela define, por fim: o corpo ou a mente, os livros ou o sexo, a ambição ou o amor.

"Não se pode ter as duas coisas. Nem pense na chance remota de que vou ter tudo de volta no final."

14 de abril do Ano 3

Era a primeira vez que eu experimentava a arte delicada de deslizar rostos e decidi ser agressiva no movimento dos dedos. Depois de algumas conversas animadoras com ingleses, não pelo papo, inteligência ou beleza dos pretendentes, mas apenas por interromper a rotina de nostalgia, encontrei humor num italiano. Lorenzo era direto, às vezes um pouco grosseiro, mas rápido na ironia, e nos encontramos nos nossos latinismos que os meninos britânicos, por sua educação protocolar, não entendiam. Pelo aplicativo, marcamos um encontro alguns dias depois no pub da universidade, onde ele fazia doutorado em oceanografia. Encontrei-o em frente ao bar, ao lado da sua bicicleta, e o analisei num instante: coxas apertadas numa calça marrom bem cortada, sapatos de couro, e um suéter azul-bebê que me conduziu a um rosto de barba feita, nariz pontudo, olhos pequenos e nervosos. Sorri e disse "olá" como num suspiro. Ele respondeu com um aceno de cabeça tão rápido que parecia um tique e me estendeu a mão dura antes de abrir a porta: vamos?

Bebi vários copos de cerveja e fiz todas as perguntas que me vieram à cabeça, numa velocidade cada vez maior. Enrolei a língua nos pontos de interrogação e ri quando as entonações saíam trocadas, sem me importar com o que ele achava, apenas desejando que achasse alguma coisa. Fui ao banheiro e dancei em frente ao espelho. Voltei e ele ainda falava sobre Dostoiévski, *Os irmãos Karamázov*, e seus nomes favoritos da literatura italiana, e eu balancei a cabeça contente detrás do copo. Qualquer menção literária me convenceria, pensei um tanto embaralhada. Só algo de muito ruim me faria mudar de ideia.

Eu poderia beber mais, mas ele parecia enjoado e cobria a boca com a mão enquanto segurava um arroto. Então afundou na cadeira, esticou as pernas por debaixo da mesa e as pressionou, mornas, contra as minhas, que já estavam próximas às dele desde a metade da noite. Perguntei se queria mudar de lugar e sentamos lado a lado em outra mesa. Inclinei-me para beijá-lo, e ele afastou o corpo deixando apenas a boca, fechada, que tocou na minha sem certeza. Abri os olhos e vi que pendia o torso para trás num ângulo ainda maior, como se fugisse. Apontou para os lados com a cabeça. O pub estava quase vazio, mas na Inglaterra beijos acontecem a portas fechadas. Não há espaço para o roçar de línguas nas ruas inglesas, como não havia ali, onde um grupo de meninas nos olhava, entre curiosas e constrangidas, à distância. Saímos.

Sobre as passarelas de concreto da universidade, minhas botas ecoavam nossos passos apressados, as mãos distantes, os corpos se procurando não pelos braços, mas pelo anseio da possibilidade. Fazia frio e eu corria e queimava e corria, com Lorenzo atrás de mim e nossos passos tortos, trocados, a descerem as escadas em caracol, os ecos no cimento duro, a brisa cortante, a meia-lua e o breu, mais uma volta, e outra, e outra, até chegarmos, vertiginosos, nos campos escuros em frente ao lago. Nossos calcanhares afundaram na grama, rápidos, ainda buscando um canto desconhecido para os dois, e então escorregamos na lama das pistas de caminhada em frente às águas, corredores protegidos por olmos que nos cobriam de penumbra, onde lancei meus braços ao redor do seu pescoço, ele me segurou pela cintura e soltamos as bocas desengonçadas, que se esfregaram úmidas, desapaixonadas, cheias de um desejo próprio, talvez sem nenhuma relação com o outro que tínhamos dentro. Os pés dançavam no lamaçal, afastando-se, desenhando círculos no chão, enquanto tentávamos manter o conjunto de cima grudado. Entre as sombras do lago, convidei-o para o meu quarto. Ao chegar, arremessamos nossos sapatos cheios de lama do lado da porta e caímos, ainda enganchados, na cama estreita, única forma em que cabíamos. Achei que seria uma boa ideia ouvir Gil, mas esqueci que não tinha a versão paga do aplicativo de música, e nos beijamos entre canções da Tropicália e anúncios de banco. Nos beijamos como estranhos, mas humanos, como humanos que reconhecem a estranheza alheia e, por ela mesma, sua proximidade, e foi bom estarmos ali, num quarto de estudante, no leste da Inglaterra, numa noite de outono, quando nossas pernas encontraram um caminho entre tantos desconhecidos.

No dia seguinte, acordei tarde, com falhas na memória e longe do ônibus para Londres que deveria ter pegado no início da manhã. Acordei e acreditei que estava apaixonada.

Silly

There's a space between your teeth — a big one —, and I think that's cute. Your tongue wrestles with your mouth when you talk, letting a funny voice out. At first, I found it unpleasant, because you sounded like a little boy, then I enjoyed it.

I expected you to be bold when you're shy and shy when you're bold. I can never tell what your next answer will be, and if you mean it or not. All the words you say. Separated. As if the sentences were useless. Hangover, you wrote to me. Your fault. Lovely. Hello. And here I'm writing about you, about your strong legs and your skin too white, shining with the silver watch you never take off. I'm writing and feeling silly about all the words. Silly. You would say. You. Yes, I would agree, always stretching the language, the lingual, the languor, stretching my lips to meet yours. Yes, yes, I am. Silly.*

---

* "Bobo"
Há uma falha entre os seus dentes — uma falha grande —, e eu acho isso fofo. Sua língua luta com a boca quando você fala, produzindo uma voz engraçada. No começo, me pareceu desagradável, porque você soava como um menininho, mas depois eu gostei.
Eu esperava que você fosse atrevido quando era tímido e tímido quando era atrevido. Nunca consigo adivinhar sua próxima resposta, e se você está falando sério ou não. Todas as palavras que você diz. Separadas. Como se as frases fossem inúteis. Ressaca, você escreveu para mim. Sua culpa. Bonita. Olá.
E eu estou aqui escrevendo sobre você, sobre suas pernas fortes e sua pele branca demais, brilhando com o relógio prateado que você nunca tira. Estou escrevendo e me sentindo boba com todas as palavras. Boba. Você diria. Você. Sim, eu concordaria, sempre esticando a linguagem, o lingual, o langor, esticando meus lábios para encontrar os seus. Sim, sim, eu sou. Boba.

23 de abril do Ano 3

Quantas cartas são necessárias até o remetente perceber que o destinatário nunca vai respondê-las, mesmo se as recebesse? Para mim, aparentemente, não havia limite, tanto que nunca as contei.

Carta não enviada nº
Ele,

Vives debaixo da minha pele, ainda... Anuncio tua saída todos os dias, tua despedida. Vai embora!, eu declaro, agora caminho sozinha. Te faço saudações e dou as costas apenas para perceber, no primeiro passo, que te carrego comigo.

"Escritos: Minha cadeia de lógica-medo funciona assim: Quero escrever contos e poemas e um romance e ser mulher de Ted e mãe de nossos filhos. Quero que Ted escreva como desejar e viva onde bem entender e seja meu marido e pai de nossos filhos."

Esse é um exemplo dos apontamentos feitos por Sylvia Plath sobre as sessões de terapia com a dra. Ruth Beuscher, em dezembro de 1958. No ano seguinte, ela engravidaria da primeira filha com Hughes, Frieda, trabalharia em regime de meio período para um chefe de departamento de Harvard e frequentaria o curso de poesia de Robert Lowell, sem fazer grandes avanços na carreira. Lutava contra a insegurança que a escrita trazia ao casal — não conseguiam pagar as contas com projetos literários —, e também contra as perspectivas de esposa e mãe que se desenhavam para ela.

A cadeia de lógica-medo, o labirinto sem escape, o muro de mil tijolos, o vazio, o nada. Como fugir da mediocridade? Como ganhar o "Atestado de Escritor"? Como garantir um futuro aos filhos e seguir a "missão" da literatura, que não se pacificaria com o trabalho de professora? E, especificamente para Plath, como ser poeta e selvagem e serva do seu homem?

Uma coisa é certa, ela conclui: "A escrita perdura: ela segue seu próprio caminho no mundo".

Talvez um parágrafo do diário de Susan Sontag, logo após as reflexões sobre ser incorporada no amor, ofereça uma chance de conciliação:

> Ou se é um escritor externo (Homero, Tolstói) ou interno (Kafka). O mundo da loucura. Homero + Tosltói gostam de pintura figurativa — tentam representar um mundo com misericórdia sublime, para além do julgamento — Ou — tirar a rolha da loucura. Eu só serei o segundo tipo de escritor.

Sontag aponta dois caminhos que, apesar de opostos, podem constituir uma consolação para o conflito feminino. Os escritores da primeira categoria gostariam de representar o mundo sem julgamentos, descrevendo suas manifestações externas: contar os eventos que ocorrem nas ruas, nos campos, nas cidades. Os da segunda puxariam a "rolha da loucura". Sontag conclui que só poderá ser do tipo que mergulha na vertigem do mundo porque pode compreendê-la. Os escritores internos, penso eu, aqueles que concebem universos entre as costelas, que se entregam a Outros e mesmo assim permanecem, que perdem homens e filhos e mesmo assim os retêm. Aqueles que moram no cruzamento do servir e do ser e, contra todas as possibilidades, existem, nos legando registros de seu inconsciente cheio de dúvida, excessivamente humano e, por isso mesmo, tão belo. Ou eu deveria dizer *aquelas*?

Mesmo as escritoras ditas figurativas, dedicadas a relatar os acontecimentos de seu entorno, com frequência recolhiam-se ao seu universo íntimo, onde as condições eram menos duras. "Vou escrever um livro referente a favela. Hei de citar tudo o que aqui se passa", promete Carolina Maria de Jesus em seu barraco no

Canindé, em 1955. A anunciada, e assim vendida, escritora favelada, incumbida de transmitir ao Centro as agruras do gueto como uma correspondente eligida, queria mesmo ser poeta. Mas à imprensa, ao repórter que a "descobriu" — Carolina brasileira, tão descoberta quanto o Brasil! — e ao mercado editorial mais interessava seu diário, os registros das *cenas desagradaveis* representadas nas vielas de lama. Mesmo assim, ela fugia:

> Enquanto escrevo vou pensando que resido num castelo cor de ouro que reluz na luz do sol. Que as janelas são de prata e as luzes de brilhantes. Que a minha vista circula no jardim e eu contemplo as flores de todas as qualidades. [...] É preciso criar este ambiente de fantasia, para esquecer que estou na favela.

A poesia de Carolina, ainda encoberta pelo destaque dado ao diário, é também revelada por ele, quando o lirismo vence os cortes do editor, luzindo nos contornos das imagens preservadas. Na mesma noite de 15 de maio em que reclama da batucada dos barracos próximos, Carolina descreve o firmamento "salpicado de estrelas". E ela, que era *exotica*, "gostaria de recortar um pedaço do céu para fazer um vestido". Um escape: costurar, com palavras, um vestido de céu em que viver.

4 de maio do Ano 3

De pé em uma praia deserta, à noite, estou diante de um mar preto e interminável, povoado por criaturas amigáveis, apesar dos corpos repugnantes. Sob a luz da lua crescente, tentáculos rompem as ondas, que escuto quebrar ao longe antes de se arrastarem até meus pés mansas como espuma. Alguns monstros brilham no escuro, outros têm imensos olhos amarelos, purulentos e opacos, que me observam da superfície. Enxergo apenas partes deles, misturados à água.

Dream

The purple waves
Bring the monsters
Of my head
To the sand

Blue dead whales
With no mouth
Or eyes
Fluorescent seaweeds
Dancing in the night

Viscous fish
Escape from my hands
As the water
The black water
Sleeps infinite

Violet sky
Ashen stars
No light
Or darkness
Cry the creatures
Of my mind

Here we are
Altered states
Shiny wetness
Here we remain
No day in sight[*]

---

[*] "Sonho"
As ondas violeta/ Arrastam os monstros/ Da minha cabeça/ À areia// Baleias-
-azuis mortas/ Sem bocas/ Ou olhos/ Algas-marinhas fosforescentes/
Dançando no molho da noite// Peixes viscosos/ Escapam das minhas mãos/
Enquanto a água/ A água preta/ Dorme infinita// Céu violeta/ Estrelas
cinzentas/ Sem luz/ Ou escuridão/ Choram as criaturas/ Da minha razão//
Aqui estamos nós/ Estados alterados/ Umidade lúzia/ Aqui somos
conservados/ Do dia, sem visão.

12 de junho do Ano 3

As cidades inglesas são amigáveis às pernas e às palavras. No verão, o sol faz brilhar o branco das coxas, por meses escondidas sob camadas de ceroulas e calças jeans apertadas para barrar o frio. No inverno, as ruas de pedra ressoam os estampidos dos saltos das botas de couro, prenunciando a chegada, anunciando a partida, em vielas medievais habitadas por fantasmas de camisolão de linho que somem quando viramos o rosto.

Norwich era uma cidade boa de andar, a melhor das aulas do período de mestrado. Não pelos calçadões largos ou avenidas à beira-mar — o litoral ficava a uma hora de carro —, mas por calçadas que se alongavam sob um céu enorme diante de fileiras de casas estreitas, altas, de tijolos vermelhos recortados por duas pequenas janelas em cima, uma mais larga embaixo, atrás de pátios de ervas frias, e com cortinas semiabertas convidando a adivinhar a vida lá dentro. Eu gostava de espiar e ver: um sofá de couro preto rasgado nas beiradas, uma xícara de chá liberando fumaça sobre a mesa, um gato gordo e cinza, de olhos entediados, a me encarar do parapeito, a careta ba-

bada de um bebê. Um apanhador de sonhos, dois livros marcados pela metade, a luz amarela sobre alguém debruçado na escrivaninha, os cabelos oleosos mal cobertos por um capuz de moletom. Risos, o ruído azul da televisão, o sotaque com finais agudos. As palavras que eu não entendia, por mais que esticasse os ouvidos.

Dias antes de voltar ao Brasil, caminhava pela cidade envolta em melancolia. Fui uma criança melancólica, mas nunca houve desalento que me coubesse tão bem quanto o da despedida. Não o adeus final, e sim seus ensaios, os elogios, olhar para cada coisa e dizer: "esta é a última vez que... e, daqui a duas semanas, não poderei mais...".

Carta nº
Norwich,

Eu olho para os teus galhos no vento, teus arbustos concêntricos, tuas ruas de pedra, teu castelo... Encaro tuas casas velhas, os pinheiros nos parques vazios e esqueço das sombras porque te abandono. Me voy com meus poeminhas na mala e minha voz que aprendestes a tolerar mas ainda não entendes.

Aprendemos a nos gostar; tu rindo do meu sotaque, eu tocando tuas folhas em cada jardim. Somos amigas improváveis. Colegas, talvez. Nos conhecemos, sem dúvida. Mas agora nos despedimos e levo comigo o eco das minhas botas nas ruas mortas e a luz dura das tardes de inverno. Em troca, pedes meus cabelos, que derrubei em todos os teus cantos, e um pouco da minha pressa, que entreguei meses atrás. Sorrimos, naqueles versos bobos de adeus, e viro as costas sem desejo de volta.

Se fosse possível amarrar as quedas do amor em um único fio, talvez ele fosse assim, datado e anônimo, porque a cronologia impõe-se, mas os desamores não precisam ser identificados, tão parecidos que são na sua decadência. Um cordão só, feito dos diários das escritoras citadas neste livro, em que os anos se seguem e se fundem:

Terça, 2 de janeiro

Meia-idade, então. Que seja este o tema do meu diálogo. Receio que estamos ficando velhos. Estamos atarefados & damos importância às horas. Tenho minha correspondência para terminar, diz L. hoje. Não caçoo. Levo a sério. Mas não devemos deixar nossos passatempos & nossos prazeres tornarem-se objetos de culto fetichista. L., eu acho, padece de extrema clareza. Vê as coisas tão claramente que não consegue nadar boiar & especular. E agora temos tal trem encadeado a nós que precisamos prosseguir. É fácil, ao menos, fingir que estamos pressionados.

Novembro

Nunca fomos tão felizes nem tão infelizes. Nossas brigas são prodigiosas, tremendas, violentas. Estamos ambos irados a ponto da loucura; desejamos a morte. Meu rosto está assolado pelas lágrimas, as veias em minhas têmporas latejam. A boca de Hugo treme. Um grito meu o traz de súbito aos meus braços, soluçando. E então ele me deseja fisicamente. Nós choramos e nos beijamos e atingimos o orgasmo ao mesmo tempo. E no momento seguinte analisamos e conversamos racionalmente. É como a vida dos russos em *O idiota*. É histeria.

8 de fevereiro

Tenho de dizer isto mais uma vez para mim mesma. Acabou. No sentido verdadeiro: não que Harriet não me ame mais, pois ela nunca me amou, mas sim no sentido de que ela não joga mais o jogo do amor. Ela não me amava, mas nós *éramos* amantes.

E um mês antes:

Como fazer de minha tristeza algo mais do que um lamento por sentimento? Como sentir? Como queimar? Como tornar metafísica a minha angústia?

Como tornar metafísica a *minha* angústia? Como descrever quadro a quadro esse desmoronamento tão esperado e tão repentino? Quando se observa à distância é mais fácil.

Uma das graças do diário é que autor e leitor compartilham a mesma lógica temporal, mas habitam tempos diferentes. Existiu apenas um 2 de janeiro de 1958, mesmo que não estivéssemos vivos, como estava Sontag a chorar num quarto em

Paris pela distância de Harriet. Existiu apenas um 2 de janeiro de 1958, que será sempre presente para essa Sontag ignorante dos dias seguintes, cujas palavras permanecem presas naquela noite, e que será sempre um passado bem assentado para nós, um passado já morto. No entanto, a jovem ensaísta escreve sem amanhã: a vantagem está nas nossas mãos, que conhecemos o seu futuro. É simples, assim, dizermos "não se preocupe, querida. Tudo acabará bem. Haverá ainda María e Carlotta e Eva e Jasper e Paul e Nicole e Lucinda e Joseph e Annie... Além disso, era claro que não daria certo, não é? Desde o início havia tantos sinais...". Mas ela, imprensada entre as quatro paredes do agora, não vê um palmo à frente.

22 de junho do Ano 3

São Paulo cheirava a fumaça quando saí do avião. Desci as escadas de ferro e o cheiro me lembrou o cigarro que ele fumava quando não sabia responder às minhas perguntas, sempre as mesmas.

    Depois de pegar a bagagem, tomei um táxi. Enquanto rodávamos ao lado do Tietê, eu falava com o motorista como se o tempo fosse outro, como se voltar fosse apenas o oposto de ir.

Caminho sobre ti há tanto tempo. No começo, meus passos eram rápidos. Queria alcançar o cume, saltar até lá e, então, me deitar sob o sol, os braços atrás da cabeça, os pés entre as pedras. Corri e corri e corri... Estamos quase lá! Mas eu ignorava a resistência do ar, a falta que me fazia roxa.

25 de junho do Ano 3

Eu esperava... algo, quando o encontrei. Um pouco antes da hora marcada, fui até o banheiro do restaurante e me olhei no espelho. Ajeitei os cabelos jogando-os sobre a testa e passei os dedos embaixo dos olhos para tirar o excesso de corretivo que formava linhas bege onde a pele se enrugava. Mordi os lábios para deixá-los vermelhos e os umedeci com a língua, para que brilhassem. Eu esperava... algo. Enquanto encarava meu reflexo, percebia o estômago espremido e um senso de irrealidade, um não estar ali, um nem saber. Alisei o vestido com as mãos, tentando desfazer as dobras.

Voltei à mesa. Eu esperava... algum tipo de redenção, a palavra que faria justiça. Mas ele então estava à minha frente, como que materializado. Não houve o primeiro passo porta adentro nem os detalhes da roupa — a camisa azul nova ou as pregas da calça marrom, gasta nos joelhos — lidos com atenção. A qualidade do toque, se firme ou fraco, apertado ou indiferente, escapa da memória. Os espaços que seriam preenchidos por declarações inesperadamente esperadas permaneceram vazios.

No lugar disso, almoçamos, ocupando o silêncio com conversas sobre o trabalho, os meses que haviam se passado em São Paulo e na Inglaterra, conhecidos em comum, uma jarra de limonada que suava sobre a mesa e, finalmente, um abraço fraco antes de me deixar num táxi com sua mochila no colo, a que guardava meu velho notebook, pretexto para o encontro. O motorista acelerou pela avenida e olhei para trás. Parado na calçada, os ombros arqueados debaixo da camisa amassada, ele me assistia ir. Por alguns segundos. Então se virou, e não houve nada.

Pergunta III

O que sobrou
Dos nossos olhos tristes
Nossa dor sem culpa
Nossas faltas
Indiferenças
Geografia de distâncias
Mútuas

Faz frio e não escrevo. Os dedos estão rígidos, a pele se enruga, a textura irregular em poros como cânions rasos. O sol não bate na sala, a janela do novo apartamento volta-se aos fundos de uma fábrica cujas turbinas giram também aos domingos, enquanto pássaros cor de arcia pousam cheios de penas nas árvores vizinhas. O bairro, já não o de Marta, é de uma simpatia lenta, e gasto as tardes olhando para fora. Como dizer o que faço? Se faço tão pouco.

Tudo melhoraria quando deixasse a casa de Marta, me convenci. A inércia, renegar um livro como se estivesse pronto e pudesse ser abandonado. Uma outra janela, uma sacada, nuvens gordas como as que vejo agora, quando não amo mais *ele*.

Como dizer o que faço? Arrasto um manuscrito com os dentes, o mastigo lentamente.

Faz frio, e se não fossem os dedos, a casa, o amor, seria outra coisa. Por que não escrever? Por que fazê-lo? Como dizer o que faço?

Do diário de Virginia Woolf

Sexta, 8 de abril [de 1921]

10 minutos para as onze da manhã. E deveria estar escrevendo *Jacob's Room* [*O quarto de Jacob*] — não consigo, & em vez disso vou anotar as razões por que não consigo — já que este diário é um velho confidente bondoso e sem rosto — Bom, sabe, sou um fracasso como escritora. Estou fora de moda; velha; não vou melhorar em nada; não tenho certeza; a primavera está em toda parte; meu livro [*Monday or Tuesday*] publicado (prematuramente) & frustrado, um chabu.

30 de setembro do Ano 3

Tarde quente de primavera, o asfalto absorvia o calor do meio-dia e o rebatia em ondas, envolvendo o corpo num abraço asfixiante.

Um amigo tinha me enviado o anúncio, o único que eu havia encontrado até então, o único que havia consultado em busca de um novo endereço em São Paulo. Meus pertences eram duas malas com roupas amarrotadas, três pares de sapatos, livros espalhados por salas alheias. Voltava a trabalhar como repórter e buscava um quarto onde depositar as malas, os sapatos e os livros, um que tivesse uma cama e, talvez, uma mesa para escrever.

Era uma casa — quatro quartos, três banheiros — para dividir com um psicólogo e outro jornalista. A entrada era imediata, então marquei uma visita para o dia seguinte, uma tarde quente. Nunca havia percorrido o Sumaré a pé, apesar de frequentá-lo de vez em quando. Habitavam-no sobrados de muros baixos, algumas árvores, calçadas em subidas e descidas. O mapa do celular me conduziu a um portão azul, em que bati com a canela antes de atravessar o pátio e seguir rumo à sala.

A perna latejava, preparando o roxo, quando Márcio se apresentou. O psicólogo.

    O quarto era no andar de cima, com uma janela para o pequeno pátio de concreto, a vista semicoberta pelo cambuci que cresceu numa estreita faixa de terra. Uma trança de fios de eletricidade cruzava a vista mais à frente e, do outro lado da rua, as sacadas de um prédio baixo, que seriam ocupadas por vizinhos apáticos nos fins de semana. Às três da tarde, o sol batia apenas num quadrado do chão de taco. Avisei que levaria minhas coisas na semana seguinte.

Começamos a trocar mensagens duas semanas depois da minha mudança, uma insistência fruto do encontro frustrado no restaurante. Eu escrevi primeiro. Contei sobre minha nova casa: rua X, número Y. Com certo temor, ele me disse que éramos vizinhos, morávamos a algumas quadras de distância.

    O que se passou nos meses seguintes não tem sequência clara. Às vezes eu pedia que me emprestasse algo tarde da noite — um carregador de celular, um pen drive —, como para testá-lo. Ele nunca subiu ao segundo andar, onde eu dormia num colchão no chão. Ficávamos, assim, num jogo de portão.

A casa pede que eu escreva sobre ela
Seus silêncios sussurram
Seus espaços
Suas paredes brancas
A chuva lá fora
As janelas azuis

Quando um escritor se vê entre a "necessidade de produzir e a dificuldade de criar", diz Myriam Ávila, seus cadernos íntimos podem remediar o impasse. Basta ele incluir esses registros no conjunto da sua obra. Citando a crítica literária Béatrice Didier, Ávila se refere ao diário como uma espécie de "poupança" que mais tarde poderá "suprir uma carência". Aqui tento o oposto; começo devendo, recorro aos recursos que tenho na esperança de construir algo ou de investigar até onde os cadernos me levam — como meio, não como fim.

"O tornar-se escritor", escreve Ávila, "tarefa assoberbante, se considerarmos que não há um caminho delineado a se seguir", parece ser a principal função de manter um diário para ficcionistas, poetas, autores de qualquer tipo.

A pesquisadora se concentra em homens ao estudar o gênero, por isso repito suas flexões no masculino. A esta altura, no entanto, está claro que o processo de se formar escritor, baseado no próprio convencimento de ser escritor, não tem natureza diferente para as mulheres. O enunciado é o mesmo, embora se alterem os pontos de partida, os obstáculos intermediários

— maternidade, dinheiro, cuidados alheios — e, como consequência, as chances de alcançar um fim.

Afinal, lembra a autora, para ser escritor não basta escrever: é preciso filiar-se aos pares, construir laços, "manter um dos pés no território da cultura adquirida e o outro no exílio voluntário da mesma" e, claro, lidar com as dificuldades da publicação e da recepção da obra pelo público e pela crítica. Escritores e escritoras devem se haver também com a indiferença diante de suas palavras.

É nas rotas tortuosas entre saída e chegada, onde atrás de cada volta escondem-se maridos, amantes, abortos e filhos, que tantas se perdem.

5 de outubro do Ano 3

Madrugada.

O desejo de escrever algo, tudo de uma vez, e não sair nada. Quantas mulheres caladas existem no mundo?
Em São Paulo, as estrelas aparecem. Observo todas da janela, onde me escondo, de onde meu vizinho me vê. As estrelas são mansas, como as janelas pequenas, como este diário. Vivo porque não quero ser lida depois de morta nem enfiar uma cabeça cheia de preocupações no forno para aquecer as ideias. Quero que escapem pelas janelas e cheguem até meu vizinho, nocauteando-o da sacada com tanta força que, quando o encontrarem estatelado na calçada, braços e pernas lado a lado, distinguirão em suas mãos estas frases sobre as mulheres caladas e me procurarão, surpresos, entre as luzes dos edifícios.

É preciso deixar o refúgio para ser lida?

Anaïs Nin nunca conseguiu romper com o diário, mas foi bem-sucedida em convencer leitoras a entrar em sua caverna. Publicados em vida, seus primeiros cadernos chegaram a milhares de mulheres que enxergavam ali um reflexo da própria experiência com o sexo, o amor e a literatura, ou o retrato de alguém que se permitiu ser vista nua, sem a construção de uma personagem ficcional, por mais que informações fossem omitidas. De ficcional todos temos um pouco, mas o fato é que Nin assumiu a correspondência entre ela e aquela que escrevia, permitindo a proximidade e o intercâmbio entre sua vida e os fatos descritos. É como se afirmasse "sim, esta sou eu", consentindo aos efeitos disso para o leitor — e para si.

Reconhecer a centralidade do diário em sua obra não foi fácil. "Você tem me atrapalhado como artista", Nin disse em uma das entradas. "Enquanto escrevo no diário não consigo escrever um livro." Em outro momento, esse tipo de escrita é definido como uma obsessão, um jorro que não pode ser evitado, que talvez ela não queira interromper.

Alexandra Johnson, que dedicou um capítulo a Nin em *The Hidden Writer*, é crítica à dedicação da francesa às anotações e à dimensão que elas ganharam em sua obra. Para Johnson, como heroína de suas narrativas autobiográficas, Nin era incapaz de imaginar um personagem além de si mesma. A professora cita um sonho recorrente da escritora, em que ela se vê presa numa roda giratória, e o considera "profético": "A roda da infância e o diário. A garotinha incapaz de largar seu diário sabotou a mulher e a artista que lutou para nascer nele".

Na leitura da pesquisadora, ao preencher páginas e páginas com registros íntimos, Nin não estaria se tornando escritora, mas bloqueando a si mesma de nascer como artista. Imperaria ali a menina apegada aos cadernos, que começou a escrever quando a família foi abandonada pelo pai. Em sua origem, o diário de Nin foi uma carta não enviada.

Acalme-se, querido leitor: esta não é uma carta, esta é uma (tentativa de) leitura crítica.

7 de outubro do Ano 3

São Paulo, madrugada de aniversário.

Carta nº
Querida Ingrid,

Nas primeiras horas desta noite começa um novo ano. Nove deles, na verdade, que virão com ideias, inícios, livros, gente. É uma oportunidade de enxergar quem você se tornou nos meses que passaram: mais segura de si, menos confortável na dor.

Te desejo experiências boas do outro lado do mundo, ou na esquina de casa, e uma vida cheia de palavras. Amigos sempre perto. A família feliz e amor pela mulher que te tornas, que serás. Amor... O que isso significa?

De quem torce por ti sempre,
Ingrid

Os traumas de infância estão muito presentes nos cadernos de Anaïs Nin. Ela começa a pensar sobre eles quando se consulta com René Allendy, fundador da Sociedade Psicanalítica de Paris, e depois com Otto Rank, então um dos principais expoentes da psicanálise, e tenta relacionar as experiências infantis às dificuldades de criação.

Em vários trechos do diário, as opiniões profissionais de Rank são citadas. Num deles, o psicanalista define o artista fracassado como aquele em que "a centelha criativa existe, mas está deformada, presa, débil, prejudicada de alguma forma por alguma desordem das faculdades criativas que só é bem-sucedida em criar neuroses". As neuroses de Nin, sua falta de confiança, sua doação aos Outros, particularmente aos homens — a ponto de aniquilar os próprios desejos —, estão espalhadas pelas páginas, o que leva Alexandra Johnson a afirmar que a verdadeira história do diário da francesa é a de uma busca psicológica por "inteireza", de "nascer como mulher e como artista".

Em seu primeiro encontro com Allendy, Nin já percebe as relações entre suas inseguranças e os traumas de menina. Após discutirem os interesses amorosos da escritora, como o marido e Henry Miller — e, no futuro, o próprio Allendy, além de Otto Rank —, o psicanalista pondera: "Há algo estranho no modo como você divide seus amores. É como se lhe faltasse confiança".

A escritora, então, tem uma revelação: "Meu pai não queria uma filha. Ele disse que eu era feia. Quando eu escrevia ou desenhava alguma coisa, ele não acreditava que fosse meu trabalho".

13 de outubro do Ano 3

Ao caminhar pelo aeroporto, eu encarava o celular. Suspendia o indicador sobre a tela, fazendo-o flutuar entre as letras "o" e "i" e às vezes deixando-o passear sobre o botão de "enviar", sem nunca o pousar. Os corredores longos e largos e vazios de Guarulhos na madrugada eram ocupados pelo som das minhas botas contra o granito. Com o celular em mãos, apaguei o "Oi" todas as vezes, voltando a Londres sem uma mensagem de adeus. A viagem, afinal, duraria apenas alguns dias. Embarcava para participar do lançamento da antologia do mestrado, em que publiquei um ensaio, e para ver os amigos de Norwich.

Quando cheguei a Lisboa, onde faria uma conexão de poucas horas, o celular vibrou assim que encontrou sinal. Aviso de uma chamada recebida no meio da noite, quando eu já estava no avião.

Como havia tempo de sobra antes do voo a Londres, peguei um ônibus em direção ao mosteiro dos Jerônimos, um dos meus lugares favoritos na cidade. Depois de observar suas torres de longe, porque o horário de visitação havia acabado, caminhei sem pressa até a praça em frente. Encontrei um banco para descansar e andava em direção a ele quando uma mulher vestida com uma longa túnica preta se aproximou. Me puxando pelo braço, disse que leria meu futuro. Hesitei, mas logo me vi sentada à sombra de um carvalho, minha mão direita sobre seu colo ossudo, a palma virada para cima enquanto ela arranhava meus dedos com suas unhas amarelas. Havia no Brasil um homem que me amava e a quem eu amava muito, ela disse, mas algo aconteceu, um obstáculo — e apontou para a linha que divide horizontalmente a pele e a esfregou com força, aquecendo-a. Havia mais, um complô, magia, algum tipo de feitiço e um ritual com folhas para quebrá-lo, era só jogar tudo nas ondas do mar... Pedi desculpas e fechei a mão de súbito, dando-lhe dez euros pela leitura. Ela queria vinte.

Em Londres, conversamos por telefone. Narrei os eventos com animação — o Tejo, os pastéis de Belém, nada sobre a leitura de palmas, e sim sobre a leitura do meu ensaio no lançamento da antologia, num outono ainda agradável. Enquanto eu falava sem pausas, ele parecia distraído.

No meu segundo dia na cidade, Lorenzo, o italiano, pegou o trem para jantarmos juntos. Depois de pedir peixe frito e cerveja preta em um pub e vê-lo encher-se, esvaziar-se e fechar de vez, caminhamos por horas pisando os reflexos úmidos das luzes sobre as calçadas. Nas laterais do palácio de Buckingham, nos sentamos imóveis, os corpos contendo uma energia nervosa, em frente à raposa-vermelha que também parou diante de nós, intrigada com nosso silêncio. Deitei minha cabeça no ombro dele, que não se mexeu.

Nos despedimos, entre constrangidos e protocolares, na porta do metrô, que cortou com força o espaço até então dividido. Lorenzo disse algo que não ouvi.

Quando cheguei em casa, escrevi a *ele* com um pretexto qualquer.

Tudo pede o fim
As nuvens laranja do entardecer radioativo
O silêncio dos corredores do avião
A dor debaixo dos joelhos

Para Alexandra Johnson, Anaïs Nin não conseguiu deixar de ser a menina abandonada pelo pai para tornar-se escritora. Assim, leva a crer que a experiência e sua tradução literária estão completamente divorciadas, como se nada restasse do vivido no narrado, como se beber do conteúdo dos dias não fosse o que faz todo escritor — dar tratamento literário à experiência, independentemente de assumi-la como invenção ou desejo de representação do real. O que Nin faz é identificar-se simultaneamente como aquela que vive, aquela que narra e aquela que escreve, e isso, em discordância de Johnson, não me parece sinal de formação frustrada ou talento desperdiçado. Afinal, essa correspondência não é a única responsável por atrair o leitor, também interessado no que Nin extrai dos seus dias, como os lê, simboliza, transpõe, reencena.

16 de outubro do Ano 3

A noite de Londres caía rápido, junto com uma garoa fina. Por hábito, entrei numa livraria e paquerei livros, alisei capas de tecido e papel couché, retratos de homens velhos e ilustrações japonesas, sem perguntar os preços porque não tinha muito dinheiro. Fiz as contas ao pegar um e outro nas mãos, procurar etiquetas em que o valor poderia estar estampado, estimar o peso, abri-los em certas páginas, tragá-las de costas para o caixa, com discrição — mistura de tutti frutti e aromatizante de carro. Eu não tinha o suficiente. Londres me deixava triste naquele ano.

A funcionária respondeu com um bufo quando perguntei o preço de um caderno que trazia nuvens carregadas na capa. Não ouvi o que disse e mesmo assim estendi uma nota de dez libras, que ela arrancou da minha mão sem levantar o rosto. Saí. Do outro lado da rua, um café cheio. Entrei. Fazia um calor abafado de aquecedor e hálito, e rodei por alguns minutos antes de enxergar uma mesa que se abriu entre o trânsito dos casacos. Deixei o caderno ali e fui ao balcão pedir um cappuccino. Esperei com avidez, temendo que levassem minhas páginas em branco e, assim que pude, sentei, o cappuccino e a fumaça de canela de um lado, o caderno de nuvens do outro, a caneta a apoiar o queixo e tantos medos de descê-la até o papel.

Comprei um caderno para escrever nesta cidade chuvosa. Queria escrever, digo, quero escrever como os livros que espio e não compro nas livrarias de Londres. Uma frase depois da outra. Palavras simples. Talvez alguma descrição ou expressão especialmente belas. E pronto! Está iniciada a obra.

Me pergunto se um dia escreverei um livro. Se tenho perseverança, paciência para ler as mesmas linhas duzentas vezes e ainda considerá-las dignas. Já quero parar este exercício, por exemplo. Talvez nada do que digo signifique alguma coisa. A palavra "coisa" é a mais vazia que há. Leviana, redonda, engraçada até, sem saber seu lugar.

À minha esquerda, uma moça loira desliza a ponta do indicador sobre a tela do celular. À direita, um grupo de homens conversa alto em francês. Eles devem pensar que entendo o que dizem, porque me encaram, de tempos em tempos, como se eu fosse espalhar seus segredos.

A umidade de Londres me deprime, a chuva lenta, as máscaras de seriedade compenetrada desfilando em frente à vitrine. Até as piadas — e a publicidade! — de uma graça tão discreta. Por isso sentei num café e agora escrevo sobre o livro que nunca escreverei, um livro parecido com os que li mas não comprei nas livrarias de Londres. Porque não tenho perseverança nem paciência para ler as mesmas palavras duzentas vezes sem odiá-las — agora obrigo este leitor inexistente a ler as mesmas ideias. Peço desculpas a este ninguém.

Se fosse escrever um livro neste caderno de nuvens que comprei do outro lado da rua, começaria descrevendo a chuva. A chuva fina que molhou minha sacola de papel a ponto de quase rasgá--la, criando uma auréola de cristais sobre meu cabelo — santificação provisória — e borrando as luzes nos óculos.

Começaria dizendo:

"A avenida era fria como a cidade. Um vento leve soprava por entre os passantes e seus casacos de lã absorviam cada gota da garoa gelada por cima de corpos ainda quentes.

As esquinas, onde luzes amarelas fundiam-se em cascatas no ar, lamentavam em murmúrios surdos. O domingo esvaziava-se de gente e barulho, as portas se fechavam e as marchas rareavam enquanto eu caminhava olhando meus pés firmarem-se a cada passo no concreto liso, negando os deslizes.

E porque tudo era como abandonado, entrei num café do outro lado da rua. Dentro, um calor abafado e nauseante, as poltronas ocupadas por conversas coadjuvantes, pela metade. Pedi um cappuccino, tirei o caderno da bolsa e comecei a escrever."

Quando preparava uma aula sobre escritoras modernistas, há alguns anos, descobri que o movimento representou um marco, e uma contradição, na divisão entre vida e literatura. Ou, mais especificamente, entre qualidade literária e fidelidade autobiográfica. A leitora, talvez leitor, deste livro deve carregar este gradiente dentro de si, mesmo que não o tenha trazido à consciência: obras que narram com proximidade os fatos biográficos de seu autor, sem atribuí-los a outros personagens nem os tornar irreconhecíveis pelo estilo, são menos literárias. Aprendi a influência do modernismo nesse raciocínio com Howard Finn, professor da Queen Mary University of London. Em um artigo chamado "Writing Lives: Dorothy Richardson, May Sinclair, Gertrude Stein", ele analisa os escritos dessas três mulheres e explica como elas se viram em meio a um confronto entre a narração da vida e as experimentações do estilo.

Os primeiros romances modernistas, como *Pilgrimage*, de Dorothy Richardson, pioneira no uso do fluxo de consciência, tentavam capturar a vida interna dos personagens, seus pensamentos e sentimentos, com a autenticidade que as narrativas realistas do século 19 não alcançavam. No entanto — e começa aqui a briga —, a preocupação em documentar a psique do indivíduo veio acompanhada por uma tentativa de se distanciar dela e de universalizá-la, para que não dissesse respeito apenas ao ser que a possuía. E como atingir essa objetividade? Pelo estilo. Pelas inovações com a forma, usada para separar a obra de arte das subjetividades do criador: a estética da "impessoalidade", assim chamada pelo poeta americano T.S. Eliot. Eu conto minha vida, mas de um jeito que não pareça ser minha.

Com o avançar dessa ideia, "o autobiográfico torna-se quase um anátema, porque o valor da obra de arte agora reside precisamente em sua transcendência do pessoal", explica o professor. Nessa tradição, que continuou nas décadas seguintes, escrever um romance como expressão da própria vida seria "equivalente ao pecado original".

A tensão entre o impulso autobiográfico e o conceito modernista de objetividade foi mais intensa entre as mulheres, mais constrangidas no ato da escrita. No mesmo momento em que tentavam dar voz ao seu universo íntimo, a suas histórias, as escritoras também abraçaram a inovação do estilo numa tentativa de "elevar" cenas e fatos do domínio privado para o status público do discurso literário.

Em *A autobiografia de Alice B. Toklas*, Gertrude Stein empresta a perspectiva de sua companheira — nome e identidade — para contar a própria experiência no vibrante mundo das artes parisiense no início do século 20, com festas regadas a champagne, exibições vanguardistas, conversas de madrugada com Pablo Picasso. Ao falar da chegada à capital francesa, a narradora, supostamente Alice B. Toklas, abre o capítulo assim: "Corria o ano de 1907. Gertrude Stein acabava de pôr *Three Lives* [Três vidas] no prelo, publicado em edição particular, e já estava adiantada com *The Making of Americans* [A feitura dos americanos], o seu livro de mil páginas". Naquele ponto, as duas nem se conheciam, mas a narrativa já se concentra nas ações e companhias de Stein. No fim da obra, com um meio-sorriso, "Toklas" admite: como demorava muito para começar a escrever sua autobiografia, quem tomou a palavra foi Gertrude. Uma maneira indireta, e experimental, de falar da própria vida.

25 de outubro do Ano 3

Mais uma vez Lisboa, na conexão de volta ao Brasil.

Um autocarro. Entra uma mulher em seus cinquenta anos, bem-vestida, bolsas escuras debaixo dos olhos, a pele folgada nas pálpebras. Mas bonita em seu terninho slim, calças azul-marinho de boca larga, sapatos de salto quadrado. Senta num banco do outro lado, um pouco à frente de onde estou. Logo atrás dela, uma mulher de uns setenta anos, de óculos fundos, cabelos amarelos-aveia presos num coque, séria.

"Que linda a senhora, está muito linda", diz a mulher de terninho.

Ela olha para a senhora de óculos e sorri, seus olhos bem abertos, para reforçar o elogio.

"Muito linda!", repete.

A senhora acena com a cabeça, num agradecimento tímido. Noto que está sorrindo, os olhos voltados para baixo.

Penso que são duas amigas ou conhecidas a irem para o mesmo lugar. Talvez vizinhas, colegas de parada.

"Obrigada, obrigada", responde por fim a senhora, as bochechas vermelhas.

A outra mantém os olhos arregalados. Não parece piscar.

"Óculos lindos, roupa linda, sapatos lindos", a mulher lista, num tom cada vez menos familiar, enquanto torres de telefonia, grades e cercas correm lá fora, uma barreira ante as águas do Tejo. Através das películas escuras, as janelas do ônibus deixam passar um amarelo morto de sol.

"Muito linda, muito linda!", a mulher continua, ainda encarando a senhora.

Esta não responde mais. Apenas balança a cabeça, voltando-se para o outro lado, escondendo o rosto.

"Linda!"

O corpo da primeira mulher continua voltado para o da outra, que parece ter desistido de vez. Mas os olhos seguem crescendo, castanhos, assustadores de tão largos. As bolsas abaixo deles são marrons, fundas, numa textura de sapo velho.

Talvez não sejam amigas, eu penso, os trilhos correndo, o sol na cabeça.

"Menina muito bonita", ouço quando a frase já termina.

"Muito bonita, a menina", diz a mulher, agora inclinando-se na minha direção.

"Muito bonita a menina também", ela sorri. "Mas de negro. Por que de negro? Não está com calor?"

Ela me encara, o queixo levantado, os fios levemente arrepiados ao redor da cabeça numa auréola elétrica, esperando uma resposta. Só então percebo que a menina sou eu.

"Por que de negro?", ela pergunta. "Por quê?"

"Estou doente", respondo, apontando para meu suéter preto nos vinte e sete graus de Lisboa, as gotas de suor se acumulando nas axilas num calor de febre. Sinto um gosto amargo, o catarro engolido a seco grudando na garganta.

"Estou doente."

Ela acena com a cabeça lentamente, numa compreensão imediata que me deixa triste.

"Mas muito bonita", repete. "Muito bonita."

"Muito obrigada", eu murmuro, desenhando as palavras com a boca, de onde não sai som.

Olho com cuidado meu sorriso refletido na janela. Os cabelos oleosos, as olheiras roxas cobertas por maquiagem laranja, os dentes de um amarelo translúcido.

Muito bonita, disse a mulher. Mas por que de negro?

Do diário de Susan Sontag

[*Com data de abril de 1963, sem dia, Porto Rico, e constituído de dez folhas de papel arrancadas de um caderno e grampeadas*]

O olhar é uma arma. Tenho medo (vergonha?) de usar minhas armas.

Para Howard Finn, nas obras de Gertrude Stein, May Sinclair e Dorothy Richardson vemos tanto a importância da dimensão autobiográfica quanto as maneiras como o experimentalismo modernista tenta, ao mesmo tempo, articular e rejeitar o material traumático, a matéria da vida que está sendo trabalhada através da escrita, "como se, ao dar voz ao 'eu', elas simultaneamente dessem voz às dúvidas sobre esse 'eu'".

Nesse cenário, declarar a própria vida ficou ligado à negação de certos aspectos inaceitáveis dela. Era como se as mulheres modernistas estivessem "assombradas pela possibilidade de representar suas vidas em todos os detalhes 'autênticos'", o que poderia significar que a existência em si tinha pouco valor, que era uma vida não vivida. Releio esses trechos algumas vezes para tentar apreendê-los, pintando-os de amarelo. No canto da página, anoto: a escrita deste livro faz do meu amor uma farsa? Então me concentro numa aparente conclusão de Finn sobre o excesso de preocupação do modernismo com a forma. Ele pondera que a desmedida atenção ao estilo é uma estratégia para trabalhar as contradições quanto ao impulso autobiográfico, um impulso que é simultaneamente confessado e recusado.

Quando as mulheres enfim puderam assinar suas obras, dispensando os pseudônimos — masculinos —, usados pelas irmãs Brönte e por tantas outras no século 19, lhes foi tirado o direito de narrar a própria vida. Ao menos, é isso que entendo da análise do professor.

26 de outubro do Ano 3

De volta a São Paulo, com bolas de pus e sangue na garganta.

El sapo

Hay un sapo
Alojado en mi garganta
Duerme agotado
De ojos cerrados
Mientras yo
No puedo dormir

No es una rata
Tampoco un pájaro
Azul o gris
Es un sapón
De muco amarillo
Lunares sin brillo

Y boca ancha
Que no me deja
Hablar

Quiero gritarte
Llamar tu nombre
Y decirte que no hay más historia
O tiempo
Que sea nuestro

Pero el sapo queda
Más alto en su puesto
A croar

Sinto su piel
Fría y asquerosa
Contra mi mucosa
A me rozar

Intento decirle que vaya
Que encuentre outra laguna
De hombres callados
Que ya no pueden llorar

No me escucha
El intruso de mi lengua
Si por dormir en ella
Me hace callar

Y quedo sin palabras
Sin sermones
Ni canciones

Para decirle que huía
Para confesarte que amo
Para que sin silencios
Yo pueda bailar*

* "O sapo"
Tenho um sapo/ Hospedado na garganta/ Dorme esgotado/ De olhos fechados/ Enquanto eu/ Não consigo dormir// Não é uma ratazana/ Nem um pássaro/ Azul ou gris/ É um sapão/ De muco amarelo/ Verrugas sem brilhante elo/ E boca larga/ Que não me deixa/ Falar// Quero gritar/ Chamar teu nome/ E dizer que não há mais história/ Ou tempo/ Que seja nosso// Mas o sapo fica/ Mais alto em seu posto/ A coaxar// Sinto sua pele/ Fria e asquerosa/ Contra a minha mucosa/ A me tocar// Tento dizer que vá/ Que encontre outro lago/ De homens calados/ Que já não podem chorar// Não me escuta/ O intruso da minha língua/ Que por dormir sobre ela/ Me faz calar// E permaneço sem palavras/ Sem sermões/ Nem canções/ Para dizer-lhe que fuja/ Para confessar-te que amo/ Para que sem silêncios/ Eu possa dançar.

31 de novembro do Ano 3

Não tenho escrito. Não sei o porquê: se cartas de tarô, olhos gastos ou falta de sono. Talvez isso e um pouco de contas a pagar e a náusea dos incensos violeta que eu acendo toda noite para me sentir melhor, mais forte. Talvez para me sufocar neste quarto. Talvez as paredes, tão brancas que me enjoam. Não escrevo há algum tempo porque gastei as palavras. São todas começos, primeiras páginas que não terminam, para as quais não vejo fim.

1º de janeiro do Ano 4

No primeiro dia do ano, ele me ligou aflito, dizendo que eu era uma pessoa das mais importantes — ou talvez tenha sido eu quem lhe disse isso. Trocamos carinhas felizes e acreditamos na civilidade possível dos amantes.

Promessa

O que faço
Meu amor
Com nossos filhos
Filhos nossos
Que não existirão mais

Afogo-os?
Entrego-os?
Queimo-os talvez na lembrança

Berço do futuro
Noite
Escuro
Luz em que não posso
Ver-te jamais

Separar vida e literatura pode ser o mesmo que separar escritora de mulher ou mulher de mãe ou mãe de filho ou filho de pedaço de carne própria que, por mais que desapareça na trança dos anos, é cativo da memória do corpo. Num filme que vi recentemente, um feto abortado no vaso sanitário, imerso em água rubra, pequeno, encolhido, quase inexistente, mas com um cordão pulsante e grosso que o ligava à sua origem. Sobre esse filme, um amigo disse: "mas qual é a necessidade de mostrar isso?". E eu, na penumbra do quarto, encarando sua sombra e tentando lhe dizer, tentando dizer sem conseguir: não há divisão, a palavra "aborto" é a barriga dura, é um fio que liga uma coisa à outra, mas ele não entendeu.

Empresto a mesma imagem, a imagem que eu esperava que a diretora não mostrasse, que torcia para que mostrasse, e que mostrou, provocando pernas cruzadas com força na sala do cinema, como prova da não divisão. Seja como matéria-prima ou condição que conduz ou impede a escrita — escrever apesar de —, a experiência está sempre presente: nas memórias do irmão e dos bebês mortos de Katherine Mansfield, nas cenas invocadas da sua infância; nas dúvidas de Virginia Woolf, na sua fé no fracasso; na devoção aos objetos de amor de Sylvia Plath e Anaïs Nin; na fome e na fuga de Carolina Maria de Jesus; no silêncio de outras que escreveram, mas sumiram.

"O que é, realmente, que desejo escrever?", pergunta-se Mansfield em janeiro de 1916. E, dois parágrafos adiante, depois de uma breve análise, a decisão:

> Agora, agora eu quero escrever as recordações de meu país natal até que o estoque se acabe. Não apenas por ser uma "dívida sagrada" que saldo com meu país, por termos nascido lá, meu irmão e eu, mas também porque em meus pensamentos caminhamos os dois por todos aqueles lugares relembrados. [...] Desejo ardentemente recriá-los ao escrever.

E então seu conto "Prelúdio", de 1918, baseado na mudança da família para Karori, subúrbio de Wellington, capital da então colônia britânica Nova Zelândia. Uma mudança de Wellington para o interior e os irmãos nessas páginas, três no total, quatro com a mãe grávida, ainda não cinco como na vida, mas mesmo assim os irmãos caminhando por aquele território relembrado.

"Lottie e Kezia estavam na zona de relva logo à entrada do portão", ela escreve no conto "Prelúdio", "prontíssimas para entrar em ação, usando casacos de botões de latão em forma de âncora e boinazinhas com fitas. De mãos dadas, com uma expressão solene nos olhos redondos, olharam primeiro para os artigos de primeiríssima necessidade, depois para a mãe". Na cena, a família se prepara para deixar a antiga casa, mas não há espaço para as duas irmãs no transporte. Devem esperar no vizinho até que um empregado as busque à noite.

A morte do irmão mais novo de Mansfield na Primeira Guerra Mundial transformou os rumos de seu trabalho e de seus dias. Depois da perda, voltou sua literatura às lembranças da infância e sofreu de depressão clínica. Foi também nesse período que conheceu Virginia Woolf, em janeiro de 1917. Woolf a incentivou a terminar "Prelúdio" e, no ano seguinte, publicou o conto por sua editora, a Hogarth Press.

28 de março do Ano 4

Uma sensação no peito, algo entre um beliscão e uma pressão: a definição de mau presságio. Isso por alguns dias de março, a ideia fixa de voltar para casa. A sensação que mencionei para ele numa quinta à noite, por telefone. Sinto que preciso ir, eu lhe disse. Então vá, ele respondeu. Era também o dia da mudança para um novo apartamento, e eu deixaria as caixas ainda fechadas na sala, jogadas lá, e pegaria um táxi para o aeroporto.

No dia anterior à viagem, e à mudança, convidei um amigo para beber vinho enquanto atirava meus poucos pertences nas malas. Conversávamos no pátio sobre nos tornarmos adultos, como era tudo uma grande farsa. Ninguém tem ideia do que está fazendo, todos fingimos tão mal, concordamos, e então fui à cozinha atrás de mais uma garrafa. No caminho, o celular vibrou sobre a mesa da sala. Era minha mãe, para dizer que havia chamado uma ambulância. Conhecia o tom abafado, como se falar em sussurros diminuísse a gravidade do relato. Ambulância, ataque, jogado no chão, sabe como é, o teu pai, daquele jeito dele, quando viu o médico enlouqueceu, mas agora, agora tá tudo bem, tranquilo, não se preocupa.

Na manhã seguinte, a mudança logo cedo, sala vazia, caixas de papelão, colchão de casal encostado na parede, estantes deixadas pelo antigo morador, tão ridículas sem livros.

Ao desembarcar em Florianópolis, dividi um táxi com minha irmã para a casa dos nossos pais. Quando chegamos, minha mãe arrumava a mesa do almoço. As mãos nervosas, o olhar vacilante entre nós e os copos, a voz e o eufemismo: não se assustem, ele estava melhor, mas aí a ambulância veio ontem e... No escritório contíguo à sala, o pai escorregando pela cadeira, em frente ao computador. O olhar vidrado, o corpo ossudo que havia perdido dez quilos em um mês. A cabeça pendendo para um lado, sustentada pela palma da mão, a boca semiaberta, de onde só saíam grunhidos porque a língua tinha se tornado uma batata grossa e inútil. Enrolava-se, e então não falava. Os olhos, os ossos — tudo em um mês.

Não disse nada porque não queria assustar vocês... minha mãe tentava, os pratos ainda nas mãos, os copos sobre a mesa, minha irmã num choro convulsivo que a levara ao pátio, onde caminhava ao redor das palmeiras. Não sabia como dizer...

Meu pai sempre comeu bem, teve medo de morrer e nunca foi ao médico, fiel que é aos seus processos obsessivos de autocura. Passa óleos sobre a careca, mastiga alho, celebra as benesses do ingrediente milagroso, o mais potente anti-inflamatório que existe, como canta Gil em *Quanta*, seu álbum favorito. Mas naquele dia nem o alho passava pela garganta. Restaram sopas, caldos, sucos, iogurtes, o que ainda lhe adentrava, a contragosto, o corpo.

Liguei para ele e, como minha mãe, ele era bom de abrandamentos, sempre a encontrar palavras que acalmam porque tiram da frente o que nos desassossega. Tudo ficaria bem, me disse, antes de precisar desligar. Quinze minutos, vinte minutos, mais do que o suficiente.

Naquela noite, deitada sobre a cama que um dia tinha sido minha, ainda desperta, vi as paredes do quarto se aproximarem, me prensando entre os lençóis. Não havia mais espaço para ele, entendi como num susto.

Fujo das palavras
Como fantasmas
Deste quarto
Que não é meu

Os fios que uniam Mansfield e Woolf eram compostos de pais autoritários, irmãos mortos, mães perdidas pela doença ou pela distância, fraqueza dos nervos e hesitações circulares. Conheceram-se em 12 de janeiro de 1917 num jantar na casa dos Woolf e mediram-se, igualmente admiradas e esquivas. Nos meses e anos seguintes, usaram os diários para reavivar as memórias dos irmãos — o de Woolf morto em 1906, por febre tifoide — e passaram a escrever sobre a infância remota, lentamente se aproximando de suas vozes, uma busca até então elusiva.

"Sentadas em extremos opostos de Londres, ambas as escritoras usaram seus diários e cadernos não apenas para despertar a memória, mas, criativamente, para forjar essa nova transição, capturando a própria forma da consciência", diz Alexandra Johnson. Por quase dois anos, Mansfield buscara uma linguagem que explorasse a natureza mutável do ser, tão impermanente quanto a própria infância.

Naquele jantar, Virginia Woolf tinha 34 anos, e Mansfield, 28, e nenhuma havia atingido a maturidade narrativa. Foi pelo exame e manipulação das recordações, e pelo manejo dos traumas, que superaram seus primeiros volumes, friamente recebidos pela crítica (*A viagem*, para Woolf, e *Numa pensão alemã*, para Mansfield), para abrir uma trilha pelo inconsciente, reinventando expressão e estrutura. Desejavam as imagens trêmulas dos primeiros anos de existência, as sensações difusas de um corpo que começa a reconhecer os arredores, os sustos das perdas que inauguram um abismo diante do qual cada um se equilibra com maior ou menor habilidade.

Ao longo do percurso, os diários mantiveram-se como registros profundos de suas vidas criativas, nos quais cabiam as rememorações e também rascunhos de personagens, esboços de cenas, testes de estilo. Não apenas uma questão de se trabalhar, mas de como trabalhar.

Escreve Woolf numa entrada de abril de 1919:

> Me agradaria voltar a ele [ao diário], depois de um ou dois anos, & descobrir que esse conjunto organizou-se por si mesmo, apurou-se & fundiu-se, como misteriosamente acontece com tais depósitos, em um molde, transparente o bastante para refletir a luz da nossa vida, & no entanto composto, estável e tranquilamente, com o distanciamento de uma obra de arte.

Não sou Virginia Woolf e meu diário não se organizaria sozinho nem se eu quisesse. O que faço é testá-lo, entender o que ele permite na construção de uma obra literária, ainda tomada como tão distante do caderno inicial. Desejo percorrer as pontes entre uma margem e outra, os escritos íntimos e os públicos, os grandes e pequenos temas que, uma vez do outro lado, tornam-se a intimidade dos leitores.

Do diário de Simone de Beauvoir

19 de agosto [de 1926]

Reli estas páginas e fico surpresa ao encontrar nelas uma imagem minha tão diferente de mim mesma. Isso porque a parte mais indestrutível da minha alma permanece voluntariamente nas sombras; de que adianta escrever o que se sente tão intensamente?

7 de abril do Ano 4

O consultório ficava ao lado do cemitério, o que parecia um bom sinal. O prédio de três andares era pintado de rosa, com janelas de moldura branca encardida, como uma casa de bonecas decadente. Na travessa de paralelepípedos, onde estava a porta de entrada, eu encontrava, cedo pela manhã, os vizinhos a passearem com cachorros e caras de sono. As sessões começavam às sete, quando não às seis, e era bom sair de lá com o estômago doído de fome, a cabeça latejando de choro, e caminhar até o café da esquina para tomar um cappuccino doce demais.

Me assustei com o valor da consulta quando a secretária respondeu ao pedido de agendamento da primeira sessão. Era o triplo do que eu pagava na psicanálise por algo chamado "terapia da linha do tempo", indicação de uma massagista que eu tinha conhecido em Florianópolis. Olga, a psicanalista, havia anunciado dois anos antes que eu estava afundando, só com a cabeça ainda de fora. "Socorro!", gritei à terapeuta da linha do tempo quando nos conhecemos. Ela tinha uma curiosidade atenta nos olhos e no cabelo loiro volumoso que emoldurava o rosto, este sempre num ímpeto, como se estivesse prestes a dizer alguma coisa, mas antes precisasse ouvir mais. Restava uma promessa de salvação nos carpetes felpudos que cobriam os azulejos e combinavam com a poltrona magenta, onde eu me sentava com um lençol de papel amassado entre as mãos.

Nos dias seguintes à primeira sessão, me senti melhor. Não chorei no banheiro, entre o vaso e a parede. Experimentei um alívio, como se parte da água, que já estava transbordando, tivesse escoado. Não sei para onde foi, só sei que saiu.

Sinto vontade de acelerar o tempo, passar os dias bem rápido, para que o futuro chegue logo e feche todas as portas. Quatro anos é muito tempo para estar apaixonada no escuro — me exauri completamente.

A viagem, primeiro romance de Virginia Woolf, foi lançado em 1915. Reescrito dez vezes ao longo de sete anos, a obra levou a autora a um colapso nervoso e a uma internação um dia depois da publicação. Quando falo das formas da consciência exploradas em sua escrita, me refiro também à loucura. Ao massacre que a literatura provocava em Woolf, ao abismo de que lhe livrava, à certeza da derrota entremeando tudo, como um muro contra o qual suas palavras se chocavam antes de serem fixadas no papel.

Ela criava em meio a ondas e suas frases ficavam ensopadas de pensamento abissal. Em 15 de setembro de 1926, uma delas se anunciava: "Ah está começando está vindo — o horror — fisicamente como uma dolorosa onda avolumando-se em volta do coração — lançando-me para o alto. [...] Deixe-me observar a onda subir. Observo. Vanessa. Filhos. Fracasso. Sim; é o que percebo. Fracasso fracasso. (A onda sobe)".

Em outro 15 de setembro, cinco anos depois, estava prestes a lançar *As ondas*, seu romance mais experimental. Nele, seis personagens falam alternadamente em seções que percorrem suas infâncias até a idade adulta, e são intercalados pela descrição de uma cena costeira em que o sol nasce, sobe, ganha seu lugar no centro do céu, desce e afunda no horizonte, como se toda uma vida coubesse na extensão de um dia. Em seus solilóquios, os personagens (Bernard, Jinny, Louis, Neville, Rhoda e Susan) misturam-se, pela proximidade de suas experiências — são amigos desde crianças — e pela maneira como elas são narradas, dissipando as distâncias entre as consciências individuais. O romance mostra que as psiques podem mesclar-se, como a água nas ondas do mar: "'Mas quando nos sentamos juntos, juntinhos', disse Bernard, 'fundimo-nos um no outro com frases. [...] Formamos um território insubstancial'".

Em 15 de setembro de 1931, Virginia Woolf estava prestes a publicar o livro, mas, registradas no diário, as ondas não cessavam: "Subi até aqui, tremendo com a sensação de fracasso total — refiro-me a *The Waves* [*As ondas*] — refiro-me a Hugh Walpole, que não gosta dele — refiro-me a John L[ehmann], que vai escrever para dizer que acha o livro ruim — refiro-me a L., que me acusa de ter uma sensibilidade que toca as raias da loucura".

16 de abril do Ano 4

Ontem, na sessão de terapia, me vi debaixo da terra, ou melhor, descendo, descendo num buraco infinito, como um esqueleto numa caixa de sapatos, encolhido. Olhando os olhos indiferentes da minha mãe cigana, a indiferença que bem conheço, a do silêncio.

17 de abril do Ano 4

Uma tempestade de areia. Estava dentro de um bar, um saloon de faroeste, com pessoas sem rosto, amigos genéricos, quando o vento passou forte, quebrando as janelas, espalhando a poeira. Me escondi debaixo da mesa, protegendo os olhos, porque não conseguiria fugir. Precisava deixá-las passar, as forças maiores do que nós, que derrubem, levem embora, me transportem ao território pacificado da alma, bandeiras brancas que cravei na terra com as mãos.

Do diário de Sylvia Plath

13 de outubro: terça-feira [de 1959]

Muito deprimida, hoje. Incapaz de escrever uma só palavra. Deuses ameaçadores. Sinto-me desterrada numa estrela fria, incapaz de sentir qualquer coisa exceto um terrível atordoamento paralisante. Olho para o mundo quente, telúrico. Para o amontoado de camas de casal, berços de bebê, mesas de jantar, toda a sólida atividade vital desta terra e me sinto distante, presa numa jaula de vidro.
[...]
Ted é minha salvação. Ele é tão raro, tão especial, ninguém mais me suportaria!

18 de abril do Ano 4

Repetir de olhos fechados:
O amor liberta
O amor liberta
O amor liberta

Em um dos ensaios em *As pequenas virtudes*, Natalia Ginzburg trata dos possíveis motores da escrita, de acordo com as circunstâncias que a envolvem. Em "O meu ofício", ela escreve: "Nossa felicidade ou infelicidade pessoal, nossa condição *terrestre*, tem uma grande importância em relação àquilo que escrevemos".

Apesar de afirmar que, ao criar, o escritor é compelido a ignorar os fatos da própria vida, ela também pondera que ser feliz ou infeliz produz narrativas distintas. Em tempos de felicidade, Ginzburg acredita que nossa fantasia, nossa capacidade de invenção, vence. Já quando somos infelizes a memória está mais ativa: "o sofrimento torna a fantasia fraca e preguiçosa [...]; é difícil afastarmos o olhar de nossa vida e de nossa alma, da sede e da inquietude que nos invade".

19 de abril do Ano 4

O diploma de mestre em literatura trouxe uma vida dupla. À tarde, como repórter, insistia em tentativas falhas de noticiar o absurdo nacional; à noite, convidada a ser professora de uma pós-graduação em escrita criativa, habitava outros territórios. Gostava mais da fantasia noturna.

Fazia reuniões periódicas com os estudantes e, numa delas, uma aluna falou sobre os arquétipos mitológicos que pretendia usar em seu projeto de conclusão de curso. Eros e Psiquê e a promessa do amor refeito, depois de quebrado. Citou o livro *She*, de Robert A. Johnson, e eu disse que ia comprá-lo imediatamente, o que, por esquecimento, nunca fiz. Pesquiso Johnson e descubro o subtítulo da obra: *A chave do entendimento da psicologia feminina*.

A história de Eros e Psiquê é uma das retratadas no tarô mitológico, no naipe de copas. Filha de um rei, Psiquê é uma jovem de grande beleza, o que provoca a inveja de Afrodite, a deusa do amor e da fertilidade para os gregos. Esta, então, deseja punir Psiquê e encomenda a vingança a seu filho, Eros.

Numa reviravolta do destino, Eros se apaixona pela jovem e eles passam a viver juntos. Para que Afrodite não descubra sua desobediência, Eros só aparece à amada na escuridão e lhe faz prometer que ela nunca tentará conhecer sua identidade.

Naquela noite de lua de sangue na Inglaterra, depois da ligação dele, escrevi a José, o tarólogo. Entre outras cartas, José tirou o cinco de copas, que representa a tentativa de Psiquê de descobrir os traços do amado enquanto ele dorme. Eros acorda e percebe o que ela está fazendo — a vela em uma mão, a luz sobre seu rosto, a confiança traída. Ferido, Eros vai embora. Psiquê chora, arrependida.

Li obsessivamente sobre o mito nos dias seguintes e aprendi que, depois de Psiquê descer ao submundo para cumprir a última tarefa dada por Afrodite, tem Eros de volta e torna-se mais feliz do que antes. Apoiei-me na história por tempo demais e ouvi calada enquanto minha aluna a repetia numa padaria de Perdizes, numa manhã exaustivamente azul. Ela falava sobre escrever e chorar e quão difícil era pôr algo no papel. Qualquer coisa. Quão difícil era viver, afinal, e como exigia esforço. Eu segurava uma xícara de chá com as duas mãos, aquecendo-as. Era uma manhã exaustivamente azul.

Escrever chorando. E mesmo assim escrever.

Era tudo muito difícil, as tarefas dadas por Afrodite, e Psiquê chorou durante cada uma delas, mas as cumpriu, foi o que Lilian me disse. Psiquê desceu ao reino da morte de Perséfone, cruzou o rio de sangue chorando, foi e voltou.

Chorando foi e voltou.

Chorando foi. E voltou.

23 de abril do Ano 4

Por que meus textos são fragmentos? Porque não confiam em si para seguir por páginas, construir histórias, carregá-las. Porque são soluços — repetitivos, curtos, reflexos autômatos —, por isso tantas vírgulas e o ritmo sôfrego, por isso linhas tão ansiosas por chegar ao fim.

Quando um amigo perguntou a André Gide qual de seus livros escolheria se apenas um pudesse sobreviver, ele respondeu: "Acho que seria o meu diário". Gide, também autor de ensaios e romances, começou a escrever seus cadernos no fim da adolescência e foi fiel a eles até sua morte, em 1951, fazendo questão de publicá-los em vida. As entradas, como o restante da sua obra, remetem a sua homossexualidade, mas também a sua participação intensa no universo artístico da França, às trocas intelectuais com nomes como Charles Du Bos e Oscar Wilde, às suas viagens a países da África, às suas leituras prolíficas de clássicos e contemporâneos. Uma vida pulsante.

O biógrafo de Gide, Alan Sheridan, disse que nenhum escritor da estatura de seu biografado levou uma vida tão interessante e, ainda por cima, disponível aos leitores por meio dos registros autobiográficos — diários, correspondências e testemunhos de outros. Foi, afirma Sheridan, "a vida de um homem engajado não apenas no negócio da criação artística, mas que refletia sobre esse processo no seu diário".

Como Anaïs Nin, André Gide também foi criticado por sua literatura, mas a falha não estava em publicar diários, e sim em não esconder a homossexualidade. *Corydon*, conjunto de ensaios de Gide que afirma a existência do amor entre homens em civilizações culturalmente avançadas, como na Grécia de Péricles e na Renascença italiana, foi rechaçado até pelos amigos do autor. Um cidadão de segunda classe, sim, mas ainda um homem.

Em Roma, no dia 16 de janeiro de 1896, Gide escreveu que o único poeta moderno a lhe interessar como mais do que um autor de versos era Oscar Wilde. No ano anterior, Wilde havia sido sentenciado a dois anos de prisão e trabalhos forçados por prática de "indecência grave". Seu crime foi amar Alfred "Bosie" Douglas, filho do marquês de Queensberry. O marquês, ao descobrir o relacionamento, começou uma campanha pública contra o escritor, que eventualmente o levou à condenação.

Ao escrever sobre Wilde, Gide define como "estupidez" o desejo de desculpar sua existência — indecente, aos olhos da lei — pela qualidade das obras. Sua vida, afirma, seria mais importante do que sua literatura. Separá-las, aliás, seria estupidez. Diz Gide:

> [...] teoria absurda que foi inventada na França seguindo Gautier e Flaubert, segundo a qual é necessário separar o trabalho do homem, como se a obra aderisse ao homem à maneira de uma falsidade, como se tudo o que está na obra não estivesse previamente no homem, como se a vida do homem não fosse o suporte de suas obras, sua primeira obra.

A vida de um homem como sua primeira obra — a de um homem.

25 de abril do Ano 4

Casa minha
Minha casa
De paredes vazias
E cheia de luz

Casa minha
Minha casa
De grilos e mariposas e
Espíritos amigos
Do vento

Não abro o livro porque sei a cena de cor. Não da maneira como Rebecca Solnit a descreveu, mas em sua manifestação como experiência. Uma jovem mulher está diante do espelho, talvez nua, talvez vestida com uma calça de moletom furada e uma blusa de pijama que servem de uniforme doméstico. Diante do espelho, ela descobre o acinzentado dos cabelos louros, as rugas que se anunciam na testa, os olhos ansiosos, as pálpebras em tremores discretos. De repente, sem tirar os olhos do reflexo, vê-se menos nítida. Uma neblina cobre, de um branco cada vez mais leitoso, as pernas, cintura, braços, as mãos se enevoam e os limites entre os dedos se desfazem, as patas de um anfíbio novo. Ela involui. Logo não vê mais os olhos, e eles também deixam de ver. A jovem apoia-se no batente da porta. Some.

"Ser uma jovem mulher significa enfrentar a sua própria aniquilação de maneiras inumeráveis", escreve Solnit em seu livro de memórias, "ou então fugir dela, ou do conhecimento dela, ou todas essas coisas ao mesmo tempo."

Aos 19 anos, de pé diante do espelho do apartamento onde moraria por duas décadas, ela estava tentando "não ser o tema da poesia de outra pessoa, e não acabar sendo morta; estava tentando encontrar uma poética própria".

À noite, quando a luminária da sala está ligada e a sacada, escurecida, vigio minha imagem no reflexo da janela. Com os cabelos presos num coque, as mãos sobre o teclado, a perna a balançar na lateral da cadeira, permaneço atenta ao meu próprio desaparecimento.

Do diário de Marie Bashkirtseff

Sexta-feira, 10 de agosto [de 1884]

Não acreditem nas frases comovidas que fabrico.
Dos dois *eus* que querem viver, um diz ao outro
— Vamos, experimenta *alguma cousa*, que diabo!
E o outro, que procura enternecer-se, está sempre dominado pelo primeiro, pelo eu espectador que o observa para absorvê-lo.
Será sempre assim?
Mas, e o amor?
[...]
Querem saber? Pois não sou nem pintora, nem escultora, nem musicista, nem mulher, nem filha, nem amiga. Tudo se reduz para mim a questões de observação, de reflexão ou de análise.
Um olhar, um rosto, um som, uma alegria, uma dor são imediatamente pesados, examinados, verificados, classificados, anotados. E depois de dizer ou de escrever, dou-me por satisfeita."

Bashkirtseff morreu três meses depois desta entrada, em 31 de outubro.

26 de abril do Ano 4

Kevin quis se matar e eu quero escrever um livro antes de morrer. Chega de autoras defuntas.

Foi um sono de entrega ao cansaço, de ceder à vontade das pálpebras que fecham pesadas, independentes da vacilação do pensamento. Não importa, elas disseram, deixando-se cair. É tarde. E foi, até que acordei nesta manhã antes dos galos, vizinhos distantes, antes das janelas acenderem no paredão de prédios. Só uma ou outra brilhava quando espiei a noite lá fora, ainda mergulhada em sonhos, e pensei: madrugada dos insones.

Acordar antes dos galos — que não escuto aqui, mas não deixam de ser vizinhos — sempre me deixou enjoada. É uma mistura de premonição com revolta do corpo, pego de surpresa, despreparado. Os olhos demoram a focar, a cara parece inchada, braços e pernas não respondem como deveriam, dormentes, numa letargia enervante.

E mesmo assim, com o estômago embrulhado e membros em desalinho, me movi — vesti calça, camiseta, casaco, devagar, mas com método, preocupada em não assustar o corpo inerte, o corpo lesma, que não queria despertar.

Nem tomei café e pedi um táxi, com a boca cheia de sono. O motorista tinha seus vinte anos e bebia de uma lata vermelha. Ele deu mais um gole, colocando-a de novo entre as pernas, prensando-a levemente com as coxas.

"Você está cansado?", perguntei.

"Não, não. É que sou viciado nisso", Kevin — esse é o nome que li na tela do aplicativo — respondeu, antes de mais um gole do que, vi então, era uma lata de energético.

Kevin quis se matar. O trabalho quase fez isso por ele, mas aí pediu demissão — seu hálito era ácido e eu conseguia senti-lo do banco de trás — e teve também uma traição. Dois anos, um carro novo, e meio litro de silicone pagos pelo namorado e ela ainda transou com o melhor amigo dele.

"Queria morrer", foi o que Kevin disse. Ele perdeu massa muscular ("dois anos sem treinar, não tem jeito"), mulher e emprego. É difícil mesmo.

Não sei onde quero chegar com estas linhas, Kevin e seu hálito ácido. Talvez algo sobre desejos de morte, encontros em vida, a náusea que a manhã antes dos galos provoca. Talvez porque escrever é vencer a morte, a de Kevin e a minha, ou aprender a morrer, como disse Montaigne. Mas, como não consigo, como não aprendo nem posso vencê-la, preencho cadernos no aeroporto de Guarulhos, observando o trânsito de carros, carrinhos e caminhões na pista, os aviões parados em fila, o céu cinza. Os homens me olhando das banquetas ao lado achando que sou uma mocinha com seu diário, e talvez eu seja, sim. Talvez eu seja uma mocinha com seu caderno tentando me transformar em uma mulher com seu livro, tentando controlar a náusea do desejo de Kevin, com medo de seu destino — um coração que explode de angústia e taurina —, com desejo de escrever um livro enquanto tudo o que posso ser hoje — e não é pouco! — é uma mocinha, observada por homens cansados, uma mocinha com seu diário, no aeroporto de Guarulhos.

Alexandra Johnson afirma que Virginia Woolf "inventou a si mesma numa série de quartos solitários".

"Quando criança", Woolf escreveu em seu diário, "meus dias, assim como hoje, continham uma grande proporção desse algodão, desse não ser." Como filha de uma mãe ativa e infeliz e de um pai austero e distante, ela ocupava os espaços da casa — o quarto das crianças, a biblioteca, o cômodo do último andar — onde poderia existir sem disputar atenção com os sete irmãos e a salvo dos abusos dos meninos mais velhos.

Poucos anos antes de morrer, já bastante doente, Katherine Mansfield estava em conflito com a própria identidade: "Quem sou eu? e até que isso seja descoberto, não vejo como alguém pode realmente direcionar alguma coisa". Entre os pertences deixados por ela no instituto francês de saúde onde passou os últimos dias de vida, estava um passaporte emitido em 1919. Dentro dele, ao lado do campo "Profissão", uma linha em branco.

Como inventário de ações, sentimentos e impulsos criativos, o diário pode ajudar uma mulher a se construir como autora. Isso porque, em suas páginas, são elencadas preferências, escolhas, disputas internas que acabam por estabelecer uma personalidade, mesmo que, inicialmente, para uso íntimo. Myriam Ávila diz que o escritor "aprende a ser ele mesmo — 'Fulano de Tal, escritor' — através do registro diário ou frequente, no qual figura como personagem de si mesmo".

O diarista, explica, constrói o escritor para o leitor que deseja e, simultaneamente, se reconhece como objeto de desejo desse leitor, assim se formando. Mesmo que as entradas nunca cheguem a outras pessoas, a persona constituída permite que o autor desenvolva uma voz própria, um tom singular.

Do diário de Susan Sontag

19 de novembro [de 1959]

A vinda do orgasmo mudou a minha vida. [...] Não sou mais ilimitada, ou seja, nada.

    O orgasmo põe em foco. Eu anseio por escrever. A vida do orgasmo não é salvação, porém, mais que isso, o nascimento do meu ego. Não consigo escrever antes de achar o meu ego. O único tipo de escritor [que eu] poderia ser é o tipo que se expõe... Escrever é consumir a si mesma, apostar a si mesma. Mas até agora eu não consegui gostar nem do meu próprio nome. Para escrever, tenho de amar o meu nome. O escritor vive apaixonado por si mesmo... e faz seus livros a partir desse encontro e dessa violência.

Ao tentar responder, no prefácio de seu diário editado, *O observador no escritório*, por que os escritores mantêm registros íntimos, Carlos Drummond de Andrade levanta uma única hipótese. Escreve-se um diário, o poeta diz, "por força de motivação psicológica obscura, inerente à condição de escritor, alheia à noção de utilidade profissional".

Enquanto o homem público, "de ação", anotaria eventos e conversações para justificar sua importância no futuro, para servir como prova favorável no julgamento da história, o escritor não precisaria "justificar-se". Suas obras falariam por ele. Mas, se as mulheres não tiveram e ainda não têm seu quinhão nos territórios da história, talvez as anotações diárias sejam uma maneira de, por um atalho, tomarem seu lugar. Seja porque ensaiam quem são nos cadernos, inventam-se, fortalecem sua identidade antes de, com um suspiro de medo, jogarem-se aos leões da crítica; seja porque ali permanecem, teimosas, esperando que, com sorte, suas entradas sejam reconhecidas e ganhem espaço em mãos alheias.

Afinal, por mais que seja urgente e precário — escritor(a) em formação!, as páginas anunciam —, o diário tem uma coerência interna e pode ser compreendido como um livro, defende Myriam Ávila. Ele fecha um pacto de confiança com o leitor, no qual sua completude existe por meio do nome pelo qual responde (Virginia Woolf, Katherine Mansfield, Anaïs Nin, Carolina Maria de Jesus) e pela correspondência entre esse nome e uma existência empírica, um par de pernas que caminhou pelas esquinas.

Um diário é uma ode à existência e, considerada a sua história, tem especial apreço à vida das mulheres, o que não pode ser menosprezado. Talvez seja necessário repetir. Na dúvida, eu o faço: um diário é do tamanho de uma vida, então nunca será pequeno.

28 de abril do Ano 4

Carta não enviada nº
Ele,

Faz tempo que não te escrevo, ao menos uma carta como esta. Nos meus sonhos, você parece distante, como se tivesse desistido de nós — já houve mais do que eu e você? Nos sonhos, percebo uma mistura de indiferença e tentativa fraca, uma conversa insegura, querendo jogar a decisão sobre mim. O que você acha?, você me pergunta nas madrugadas. Eu não acho nada, respondo. Já achei muito para depois me descobrir errada, vazia, agitada. Por isso não tenho mais opinião do que um dia fomos "nós", se um dia houve, não acho nada, meu amor. Te devolvo a pergunta, para ver você jogá-la na lama, uma carta em chamas. Seus olhos dizem que me amas. O que você acha?

Apoiadas na barra de ferro da escadaria que sobe um morro da Pompeia e desemboca na rua de Marta, deixamos que a brisa noturna penteasse nossos cabelos, afastando-os dos ombros: longos, ondulosos, gelados.

Na escadaria, minha amiga falava sobre viver em sonhos para fugir. Dormir, dormir, não acordar. "Deixar de ir, de estar, eu brincava com isso, lembra?", ela me perguntou, observando o vale de prédios com suas janelas amarelas, azuis e laranja, enquanto fumava um cigarro. "Eu brincava com isso, com não ser. Mas não posso mais" — a fumaça se diluindo entre seus dedos frios —, "desaparecer é coisa séria, foi o que o psicanalista me disse."

11 de junho do Ano 4

Estou numa palestra com um biógrafo famoso, que conta suas histórias com Fidel Castro e Lula, e sua boca se enche de tantos homens de barba que ele tosse sem parar, então prefiro lembrar dos meus sonhos. Foram agitados nesta noite. Havia uma mulher que me acompanhava ao pé da cama e perturbava meu sono, imagens confusas dos meus pais, minha mãe descobrindo uma pedra em formato de dedo no meio do cérebro, e o ex-amor rindo sem jeito da ligação de brincadeira que fiz a ele, parte do desafio proposto por uma amiga. Ele não queria dizer para onde ia, talvez a um bar ou a um encontro, e também não gostava do meu riso, da ligação falsa, da ironia. Ficou bravo. Não entendi e segui sorrindo.

Agora vejo coisas — rostos e sombras —, porque nunca estou sozinha. O que será que o grande biógrafo vê?

Não me assombram as escritoras que nunca saíram do diário, como assustam a Alexandra Johnson. A professora lamenta que a reputação dessas mulheres recaia em um único legado e torce para que alguém ainda encontre uma novela de Alice James, a irmã calada de Henry James, ou uma coletânea de poesia de Dorothy, irmã do poeta romântico William Wordsworth. Mas, para mim, os diários, mesmo que obra única, são vestígios valiosos de como elas viveram e amaram e perderam e escreveram.

Persigo esses registros desde o fim da adolescência, quando descobri que minhas angústias eram compartilhadas por autoras que em outros títulos pareciam tão confiantes. Talvez os tenha conhecido, os de Woolf e Mansfield, antes de seus contos, ensaios e romances, e quando soube que as mesmas vozes inseguras, mas já impressionantes na investigação de seus impulsos, quando soube que essas vozes se erguiam, altivas e ainda sensíveis, na Literatura, não pude fazer nada a não ser entregar-me a elas. Era uma irmandade que permitia o fracasso e a esperança.

Os diários que cito são os da minha formação, da mesa de cabeceira do quarto de criança às leituras do mestrado. Como desejei que algumas das autoras de que mais gosto mantivessem cadernos íntimos, ou que eles chegassem a mim, a nós, a suas leitoras. Assim também poderia escrever sobre os labirintos ariscos da psique de Clarice Lispector ou sobre as fantasias noturnas de Silvina Ocampo, bem como sobre sua carreira às sombras da celebridade do marido. Desejei que mais latinas me oferecessem cartografias de suas vidas criativas para que, mais perto delas em geografia, pudesse desbravar meus próprios caminhos. E desejei que, como menina brasileira, as entradas de uma jovem Idea Vilariño ou de uma já poeta Alejandra Pizarnik não estivessem mais distantes do que as das norte-americanas e europeias. Mas estavam, considerando-se o Brasil um pedaço desmembrado da América Latina, que estende as barreiras da língua, nem tão altas assim, a outras fronteiras.

Antes tarde do que mais tarde

Do diário de Alejandra Pizarnik

11 de novembro [de 1955]

K. Mansfield diz: "Vivo apenas para escrever". "As pessoas não importam para mim. A ideia de glória e sucesso não é nada, menos que nada." Então escreve um romance e o envia no dia seguinte para ser publicado.
Acabo de receber uma carta de A. R., em que me diz, honestamente, que não entende meus versos. Me implora que eu os explique. Sorrio tristemente. E para mim, quem pode explicá-los? Não sei de onde vieram, nem como. Foram momentos isolados e mágicos, que me sequestraram desses tempos e espaços odiados, e me sentaram numa nebulosa de areia onde escrevi o que um anjo, um pouco travesso, queria me ditar.
[...]
Duas horas depois
Terminei de ler o diário de K. M.
Só me pergunto uma coisa: tenho vocação literária?

29 de outubro do Ano 4

Deram-me uma mangueira e fui em busca de terra onde plantá-la. Foi o presente de alguém sem rosto, que estendeu braços, punhos e mãos em minha direção, junto a pequenos ramos de flores e me disse: "toma, é teu". Agarrei, então, o filhote de manga com cuidado e as mãos que o entregaram desapareceram quando o segurei, sentindo um peso enorme, apesar de galhos tão pequenos. Instalou-se uma urgência. É preciso plantá-lo, ordenei a mim, tirá-lo daqui, deste sol escaldante de São Paulo, que seca tudo e faz morrer. É um pobre bicho, eu pensava, olhando minha mangueira já com carinho e um tanto de pena. Há que o ninar, me convenci. Botá-lo para dormir na terra, permitir-lhe vida. Mas e agora?

Olhei em volta e me descobri parada na calçada da minha antiga rua na Bela Vista, de algumas casas e poucas árvores. Diria uma, talvez nenhuma. O sol queimava mesmo na sombra, provocando pequenos suspiros em minha filha, meu presente — "ai, ai, que dor", ela chorava, em sua voz de agudos, machucada. "Acalma-te", eu disse, sem abrir a boca. "Vamos aterrar!". Mas, ao olhar em volta, senti uma pressão no peito, uma fisgada, um peso de cimento queimado. Onde? Onde?

Decidi andar, mesmo sem rumo. Buscava em São Paulo uma cidade que não conhecia, mas que sempre desejei, uma cidade de águas, de rios, de campos e gramados macios onde deitar o corpo. De lagos onde flutuar no meio do dia e dizer: daqui não saio. Era o mínimo que merecia a minha mangueira. Tocava suas raízes como se segurasse outras mãos, dedos entrelaçados, tu és minha. Roçava o polegar e o indicador na casca áspera de suas perninhas, em massagem constante e amolada. És minha! E andava consolando-a, disfarçando meu desespero, porque ao redor não via nada.

Enquanto caminhava pelo concreto, sem terra à vista, me perguntava, a mangueira chorando sobre meus dedos, se aquele seria o lugar para ela, se não haveria fuga possível do céu encoberto por prédios, de três ou quatro estrelas, quando muito. Me perguntei se a falta de estrelas não faria de São Paulo um ponto cego no mapa. Como se encontrar ali, afinal? Onde seria o começo ou o fim?

"E você, para onde vai?", me abordou uma moça loira, de cabelos lisos e curtos, que apareceu de repente como se já me seguisse ou como se andássemos lado a lado sem nos notarmos. "O que faz com isso?", ela apontou para o meu presente. "Vai andar com ela até que murche?"

Balancei a cabeça e expliquei meu desejo de aterrá-la, minha filha mangueira, de deixá-la criar raízes nesta cidade, na terra que ainda há debaixo dela. "Você sabia que debaixo de São Paulo só há terra?", perguntei.

Ela sorriu e assentiu sem uma palavra, como nos sonhos, e soube então que era botânica e me ajudaria em minha busca. A mangueira logo alegrou-se, ao ouvir nossa conversa, deixando mais gotas de suco grosso e quente escorrerem de suas folhas, e eu sabia serem de felicidade. Tremeu num ímpeto alegre.

Seguimos em direção a um condomínio fechado. Dentro das altas grades de ferro havia terra, grama, um quadrado de verde. Caminhamos atraídas pela cor, como se as barras fossem sumir por mágica com nossa aproximação. Ao chegarmos, os obstáculos continuavam no mesmo lugar, teimosos. "Veja esta pequena mangueira, seu guarda", eu pedi ao homem do lado de dentro, de quepe e uniforme pretos, que virava as costas para nós. "Seu guarda, ela precisa de luz. Chora muito, vê?" Mas ainda estavam ali: as grades e as costas.

Era careca, musculoso e alto, o guarda. Vestia um terno barato e tinha uma expressão robótica. Talvez fosse mesmo um robô. "Vê como ela chora?", eu ainda lhe supliquei, meus olhos incisivos, mas muito cansados. "Quando ela chora, saem lágrimas de suco", expliquei.

À nossa direita, havia uma fila para entrar no quadrado de verde, para aproveitá-lo um pouco, como se fosse um oásis, e todos ali eram indiferentes a nós. Entrava-se depois de passar por um detector de metais, uma catraca e uma longa revista corporal. A mangueira estava cansada, precisava repousar, eu sabia. E mesmo que passássemos pela fila, eu também sabia, não poderíamos revirar o gramado do condomínio, tirá-lo do lugar para abrir espaço. Não toque em nada, lemos em uma placa qualquer. Ela chorava, a mangueira, em gotas agora geladas, de quem seca. Desistimos.

Fomos então teletransportadas. Nos vimos em outro lugar, que parecia estar à esquerda na geografia dos sonhos, e à esquerda havia um bosque, de montes altos e vales profundos, árvores bem nutridas, na companhia de muitas irmãs, e um rio estreito e caudaloso que corria abaixo. Sua água era barrenta e doce. Não sei como chegamos às suas margens, mas lá estávamos, eu e minha filha já sem lágrimas. Acenei para a botânica, que achava tudo muito natural (porque assim o era) e que talvez tenha nos levado até ali. Eu precisava, então, escolher um ponto para minha mangueira, que ainda sorria, mas aparentava estar mais pálida, se escorando em meus dedos. "Estamos quase lá", eu a sacudi quando notei seu esmorecimento. "Aguente." Subi e desci as pequenas colinas com rapidez, à procura do sítio ideal. Aqui, decidi. Não, não, melhor lá, onde é menos íngreme, e fui para o outro lado. Escolhi enfim um pequeno vale, com um trecho mais plano e alguma sombra. "Que tal?", perguntei à minha companheira, que arfava pesadamente.

Não sei se eu cavava o buraco — suponho que sim — quando a botânica me chamou. Ela já estava dentro do rio ao lado de um jovem de pele bronzeada, que se juntou a nós em algum momento. Eu ainda não havia molhado os pés, mas, caminhando em direção à água, senti por intuição quão gelada era e como poderia refrescar um corpo. O rio, que até então corria lá embaixo, tímido, parecia crescer e aos poucos subia pelos vales do bosque. Enquanto caminhava — eu rumo ao rio, e o rio rumo a mim —, a botânica me chamou mais uma vez. "Venha logo, venha", ela me apressou. Eu tinha muita sede, o calor queimava até nas sombras, a cidade era um deserto, e logo passei a correr, cada vez mais rápido, impulsionada pela descida gramada. Ao ganhar velocidade, apressei os passos e saltei no ar, o estômago suspenso por um instante, um buraco. Mergulhei. Frio. Frio. Dor. Prazer. Debaixo da correnteza, levada por ela, tragada, senti o corpo sem gravidade, os ouvidos captando o barulho do submerso, grave, pesado, e eu tão leve, mesmo úmida por dentro. Subi à superfície num batismo reverso. Os ouvidos desta-

pados, a sucção do ar. Flutuava sobre as águas frescas, braços e pernas quase entregues às correntes subaquáticas, quando senti um desconforto no peito: a mangueira!, pensei. Plantei-a, afinal? Apertei as mãos; vazias. E acordei.

8 de novembro do Ano 4

Ao enterrar o amor, pode-se abrir a boca?

Pergunta IV

O que me faz
Escrevente?
O que completa
Um corpo
Pela metade

O que me faz
Ausente

O que faz de mim
Querente
De Outro
De si

Da chuva
Lá fora
Não, não deixe-
-Me
Sozinha
Aqui
Agora

A pergunta é maior do que parece.

"Por que nos perguntam se existimos?" é o título de um ensaio de Marina Colasanti, publicado no livro *Fragatas para terras distantes*. Colasanti diz que, quando afirma "eu sou uma mulher", a frase não causa surpresa. No entanto, quando combina a afirmação com "eu sou uma escritora" uma poderosa reação é produzida, conduzindo, inevitavelmente, à pergunta: existe uma escrita feminina?

Apesar de responder há décadas com paciência e argumentos fundamentados, como o histórico das escritoras mulheres e as características específicas de suas narrativas — a diferença do olhar, a relação com o corpo, a que Colasanti chama de "fisicidade das mulheres" —, apesar da propriedade da resposta, nada parece satisfazer ou modificar a questão. Ela segue a mesma.

"Apesar de tudo o que já dissemos," escreve Colasanti, "continuam questionando nosso fazer literário exatamente da mesma maneira, com a mesma insistência, com idênticas palavras. Como se nada tivéssemos dito."

Ao observar que nenhuma explicação é capaz de interromper o questionamento e considerando-se ofendida por ele, a ensaísta decide contestá-lo. Não mais responder, e sim tomar a interrogação para si: "Que pergunta é essa, afinal?".

No decorrer do ensaio, observa que, se nenhum argumento atinge a pergunta, é porque não há interesse na resposta. A pergunta tem um fim em si mesma. Ignora as evidências científicas coletadas ao longo das décadas segundo as quais, por exemplo, homens e mulheres processam a linguagem de maneira diferente.

Ao desconsiderar as distinções na experiência de gênero — e não de sexo, é bom deixar claro que aqui cabem todas as mulheres — e repetir-se com a mesma formulação, a pergunta cumpre sua verdadeira função: deixar a literatura produzida por elas em suspeição não só na sua relevância e qualidade, mas na sua existência.

"Enquanto a pergunta for aceita, a dúvida estará sendo aceita com ela. E a nossa literatura, a literatura das mulheres, estará suspensa, no limbo, num espaço intermediário entre o paraíso da literatura e o inferno da não escrita", diz.

O espaço intermediário ocupado pela literatura das mulheres não seria o verdadeiro, mas o da cópia, da imitação. Seria um espaço posicionado atrás daquele de presença incontestável: o dos homens. Afinal, algo só pode ser falso, ou não existir, em comparação a um objeto autêntico, àquilo que de fato é.

23 de novembro do Ano 4

Pedi demissão do site onde trabalhava e, como em dois meses não seria mais jornalista, deveria escrever sobre o amor. Era difícil escrever sobre o amor nas notícias, tão apertadas que são, porque ele precisa de lugar para a indeterminação, para ser enquanto não é, mesmo que a história dos amantes tome uma página, um conto, uma crônica, um haikai. Não importa o espaço, e sim sua possibilidade.

Em breve (apenas) professora de escrita, comecei a ocupar mais cadernos e a ir a encontros literários para conversar com outros ocupantes. Mas neles, descobri, também havia muito aperto. Frases longuíssimas, infladas de sentido rarefeito, e inteligências de barbas bem penteadas que preenchiam cômodos inteiros. Discutia-se como ser, como escrever, o que valeria ou não narrar e por quê. E o amor, tão inútil que é, tão banal? Qualquer um ama, e o amor, por si só... Do que vale?

Os aprendizados de uma conferência literária:
O grande perigo de ser escritor: levar-se a sério demais.
A imposição do autovalor pelo medo, como todas as outras.
O temor das lacunas iminentes, que já estão presentes, e o medo da rima pobre e da sequência que ela puxa. O ridículo não morde, você sabia?

É preciso soltar os cabelos para as fotos 3×4 de escritor, aquelas que vão nas orelhas dos livros. É importante manter-se grave para não ser confundido — com o quê? Com alguém que não domina as palavras. O ficcionista domador de leões, as teorias dentro das teorias, até a cabeça ficar leve. Qual é o certo, afinal? Para que ele serve? A postura correta daquele que escreveu seu romance, que o publicou com sua melhor foto 3×4 e agora o vê espalhado pelas livrarias charmosas de Pinheiros, de São Paulo, do resto do Brasil que não nos pertence, porque não o conhecemos.

Quão pouco você vale?, uma escritora me perguntou numa afirmação e competimos. Frases pontiagudas, referências, Proust, é claro, associações de ideias que flutuam sem nunca tocar o chão. Por que usar a língua como faca? Tudo isso me cansa muito.

Se quiser, eu respondi à escritora sem falar nada, me tome na boca, me prove, sem medo, escute, e, se precisar, eu entendo, se precisar mastigue e cuspa.

Ser vulnerável, a ponto de quebrar, ainda é um troço muito poderoso.

O preconceito contra a literatura produzida por mulheres perdura, escreve Marina Colasanti em seu ensaio. De pouco adiantou a segunda onda de feminismo dos anos 1960 e as escritas que partiram de lá: "não conseguimos vencer a barreira".

Com medo de suas obras serem desvalorizadas, muitas escritoras tendem a negar que sua escrita seja feminina, se refugiando em um "território neutro de uma utópica androginia". "Utópica" porque se esquecem de que, nesta sociedade, quando há apenas um sexo, ele é ainda o masculino. Basta pensarmos que ninguém questiona se existe uma "literatura masculina".

A pergunta — maior do que parece — é para Colasanti um instrumento numa luta pelo poder, o poder literário, aquele de gerar não só por meio do corpo, mas pela narrativa, ferramenta tão vigorosa que ofereceria a elas um "excesso de força".

Desde a produção do ensaio, em 1996, para um seminário nos Estados Unidos, algumas coisas mudaram. Uma das críticas da escritora, a de que as narrativas produzidas por mulheres deixaram, ao longo das décadas, de tratar de questões de gênero, já não é válida. No entanto, permanece a dificuldade de afirmar uma literatura com características específicas, distintas daquelas consideradas "universais" e, já sabemos, masculinas.

Uma amiga comentou há alguns dias que uma grande editora hesitou em publicar um romance que narra uma história de amor, com o argumento de que a narradora talvez fosse dramática demais sobre a perda amorosa. É como se, ao abrir-se o caminho de outros temas — as grandes questões sociais e políticas — para as mulheres, fosse esperado que elas abandonassem os assuntos íntimos, permitidos aos homens sem incômodo algum, desde os românticos até os contemporâneos. Elas podem rejeitá-los, claro, se assim quiserem, o que é parte da liberdade pela qual lutaram e que ainda lhes é concedida com relutância, mas o abandono não deveria ser obrigatório. Afinal, mesmo que discorram sobre territórios e disputas políticas e perdas geracionais e países quebrados, boa parte dos livros ainda é sobre o amor.

Um dia de novembro do Ano 4

O plano era claro: não esperar despedidas. Decidi não propor uma, porque depois de tantas fracassadas perdi o desejo e o ímpeto, e presumi que ele não diria adeus por vontade própria. Era pouco antes das seis e escurecia quando recebi uma mensagem: "me encontra aqui fora, por favor?". Talvez tenha sido surpresa ou talvez fosse uma dívida. Respondi que sim.

    Desliguei o monitor e fui até o corredor lateral do prédio, onde costumávamos nos encontrar em conversas entrecortadas. O Corredor das Irresoluções, eu poderia chamá-lo, se ele precisasse de um nome. Falamos o que o momento pedia e um pouco mais: adeus e obrigada e me desculpe e tudo bem e adeus. Ouvia as palavras como por antecipação — achava que as conhecia tão bem — e não prestei atenção na ordem ou na entonação. Guardo apenas dois elementos que me pareceram exclusivos àquele dia: o gesto frouxo de seus braços sardentos, na intenção de me envolver, e uma frase dita pela metade, quando nos afastamos. Ainda vejo esse abraço de fora, como se estivesse passando pelo corredor e me deparasse com um casal numa carícia incerta, ele com os braços, a camisa de flanela dobrada na altura dos cotovelos, ao redor das costas magras dela; ela a lhe esfregar os ombros em movimentos circulares para acalmá--lo, para acalmarem-se. Ele mordia os lábios, que perdiam a cor pela pressão dos dentes, e torcia as mãos lubrificadas de suor; ela recebia seu nervosismo com cansaço e algo de paciência — não porque o momento fosse agradável ou desejável, mas por respeito à dor do outro e à sua, ao homem que ainda amava e ao tempo, que, afinal, não produz vencedores.

Ainda seguindo os arquivos da memória, escuto ele dizer, os olhos refugiados em algum canto do chão: "mas a gente pode continuar a...?". Eu o encaro e pergunto o quê. Ele nunca termina a frase.

Sonho

Eu trabalhava numa sala muito iluminada, de luz branca, ainda mais clara do que a do escritório. Por isso, não sei se estava lá ou em casa, mas me assustei com sua presença, de repente ao meu lado. Ele apoiava uma das mãos num canto da mesa onde eu escrevia, enquanto com a outra mexia no celular. Ele fingia que aquela era uma visita banal. Eu me levantei com o susto. Estávamos sozinhos.

"O que você está fazendo aqui?", perguntei num impulso e ele começou a balbuciar palavras, respostas que não conseguia elaborar, justificativas e mais justificativas que eu via flutuarem no ar: "Na verdade", eu lia nas letras fugidias, "você sabe como eu me sentia, mas tinha outras coisas e...".

Eu o encarava com espanto e algum distanciamento, dando passos para trás numa fuga mal pensada e dizendo que eu não entendia, que talvez não quisesse mais decifrar frases depois de quatro anos. Ele parecia ficar mais chateado a cada segundo, os olhos caídos, o rosto se apertando, enquanto eu finalmente virava as costas e começava a caminhar. Não havia paredes nem janelas nesse espaço em branco, mas me lembro de seguir por um corredor, andando para cada vez mais longe, até que sua voz me chamou e vi sua cabeça despontando da esquina, de dentro da sala.

"*Eu amo*", *ele disse, como se deixasse escapar um segredo.*

"*O quê?*", *eu perguntei.*

E então ele sumiu.

10 de fevereiro do Último Ano

As coisas entre nós acontecem em dias de lua cheia.
Ontem eu andava com T. na avenida Paulista e falávamos sobre encontros fortuitos. Eu estava prestes a lhe dizer que, para mim, esbarrar com alguém em uma cidade imensa como São Paulo sempre significa alguma coisa e, então, de bermuda cáqui, bolsa de pano a tiracolo e óculos escuros, eu o vi.
Fui a primeira a notá-lo. Ao me perceber, ele arregalou os olhos, eu sei, apesar de estarem cobertos por lentes marrons — seu bigode moveu-se para cima. Acenei com a cabeça, o que ele retribuiu com uma mão suspensa, um cumprimento frouxo. Repeti seu gesto e logo passamos um pelo outro, ainda em câmera lenta, quando T. disse: "olha!", e ele se assustou, num sobressalto, arregalando os olhos como se ela falasse de nós, mas T. dizia "olha!" só para comprovar a facilidade dos encontros mesmo numa cidade imensa como São Paulo. Eu ainda não lhe havia explicado minha teoria de que, mesmo assim, quando acontecem, sempre significam algo.

Ele passou por nós e notei que virou o rosto para continuar olhando. Eu virei também, mas não deixamos de caminhar, os pescoços esticados até o limite, as pupilas na beirada dos olhos quando, por fim, tivemos que nos dar as costas, direções opostas. Ele rumo ao Paraíso, eu, à Consolação.

Camila Sosa Villada, autora argentina e travesti, escreve no ensaio autobiográfico *A viagem inútil* sobre a matéria-prima da literatura: "A memória sustenta a escrita. Escrever é escrever recordações". Para ela, a experiência estaria no centro de qualquer intento literário.

> Que os mundos inventados pela escrita, pela fantasia, pela ficção científica, pela mentira, tudo isso é simplesmente escrever sobre nós mesmos. [...] Todas as nossas virtudes e defeitos postos em palavras que não dizem mais do que todo esse mar de petróleo que somos por dentro.

Escrevi e reescrevi este livro ao longo dos anos. Durante esse período, colegas e amigos me perguntaram sobre o "meu romance": quando ficará pronto? A educação — feminina, infelizmente não feminista — oferecida pela minha mãe e que me leva a ser excessivamente dócil me impediu de responder a verdade: nunca. Não há romance, este não é um romance. Este também não é um diário nem um ensaio, apesar de contê-los, mas uma obra sustentada pela memória. Uma memória que não se assume ficcional, que persegue o que resta da vida, que não cria alter egos, porque procuro a correspondência com minha frágil figura de autora quando digo "eu".

Espero não ser tarde para afirmar meus gostos, mas o que é tarde?, pergunta Drummond num poema sobre as brincadeiras de rua extintas pelos gritos de mãe. Tarde nunca é tarde o suficiente. Defini este livro como uma ode aos diários, mas talvez ele seja uma celebração das margens. Do gênero menor, do tema menor, da existência menor. Que alegria encontramos nas pequenezas! Esquecemos que o romance, um dia, já foi uma distração burguesa e banal diante das epopeias. Ofereço, quem sabe, outra distração.

Agradecimentos

Não haveria este livro sem a minha família, que me deu a existência, o apoio e parte dos personagens; os amores, passados, presentes e futuros, que continuam sendo um grande mistério; os amigos, que me ouviram falar deste manuscrito durante anos e se mostraram animados com cada avanço (Marilia Labes, Murilo Bomfim, Felipe Martinez, Luiza Sigulem, Frederico Nercessian, Thiago Moreno, Luisa Pinheiro e Tatiana Resende, obrigada!).

Agradeço especialmente a Gabriela Aguerre, companheira de aventuras que leu uma das primeiras versões do *Diário* — quando era ainda um diário —, Paulo Gomes, Stefanie Silveira e Gabrielle Fagundez, minha amiga além de irmã, que também o conheceram numa versão primária e o incentivaram a ser, e André Viana e Silvana Tavano, que me presentearam com leituras generosas na etapa final da escrita. E, claro, às amigas do grupo Senta e Escreve, que é tanto um espaço de criação literária quanto um respiro. Agradeço também a Rita Mattar, por manter viva a conversa sobre este livro e ajudar a moldá-lo, e Juliana Rodrigues, editora cuidadosa e presente.

Bibliografia

ANDRADE, Carlos Drummond de. *O observador no escritório*. São Paulo: Companhia das Letras, 2020.

ÁVILA, Myriam. *Diários de escritores*. Belo Horizonte: Associação Brasileira de Estética, 2016.

BASHKIRTSEFF, Marie. *O diário de Marie Bashkirtseff*. Trad. de Gilda Marinho. Porto Alegre: Livraria do Globo, 1943.

BEAUVOIR, Simone de. *O segundo sexo: a experiência vivida*. Trad. de Sérgio Milliet. São Paulo: Difusão Europeia do Livro, 1971. v. 2.

_____. *Diary of a Philosophy Student, 1926-1927*. Champaign: University of Illinois Press, 2006. v. 2.

COLASANTI, Marina. "Por que nos perguntam se existimos". In: *Fragatas para terras distantes: ensaios*. Rio de Janeiro: Record, 2004.

CULLEY, Margo. "'I Look at Me': Self as Subject in the Diaries of American Women". *Women's Studies Quarterly*, v. 17, n. 3/4, 1989, pp. 15-22. Disponível em: <www.jstor.org/stable/40003087>. Acesso em: 16 out. 2024.

FINN, Howard. "Writing Lives: Dorothy Richardson, MaySinclair, Gertrude Stein". In: SHIACH, Morag (Org.). *Cambridge Companion to the Modernist Novel*. Nova York: Cambridge University Press, 2007, pp. 191-205.

GIDE, André. *Diario: 1887-1910*. Barcelona: Alba Editorial, 2013.

JESUS, Carolina Maria de. *Quarto de despejo*. São Paulo: Ática, 2001.

JOHNSON, Alexandra. *The Hidden Writer: Diaries and the Creative Life*. Nova York: Anchor Books, 1998.

MALCOLM, Janet. *A mulher calada: Sylvia Plath, Ted Hughes e os limites da biografia*. Trad. de Sergio Flaksman. São Paulo: Companhia das Letras, 2012.

MANSFIELD, Katherine. *Diário e cartas*. Trad. de Julia Cupertino. Rio de Janeiro: Revan, 1996.

_____. *Diario*. Barcelona: Lumen, 2008.

_____. "Prelúdio". In: *Festa no jardim e outros contos*. Trad. de Alda Rodrigues. São Paulo: Penguin/Companhia das Letras, 2022.

NIN, Anaïs. *Henry & June: diários não expurgados de Anaïs Nin (1931-1932)*. Trad. de Rosane Pinho. Porto Alegre: L&PM, 2014.

_____. *The Early Diaries of Anaïs Nin (1920-1923)*. Nova York: Harcourt Brace Jovanovich, 1982. v. 2.

PATMORE, Coventry. *The Angel in the House*. Edição Kindle, 2017.

PEPYS, Samuel. *Diaries of Samuel Pepys: Complete*. Cambridge: Deighton, Bell & Company, 1893.

PIZARNIK, Alejandra. *Diarios: nueva edición de Ana Becciu*. Barcelona: Lumen, 2013.

PLATH, Sylvia. *Os diários de Sylvia Plath: 1950-1962*. 2. ed. rev. Org. de Karen V. Kukil. Trad. de Celso Nogueira. Rio de Janeiro: Biblioteca Azul, 2017.

SHÔNAGON, Sei. *O livro do travesseiro*. Trad. de Geny Wakisaka, Junko Ota, Madalena Hashimoto Cordaro, Lica Hashimoto e Luiza Nana Yoshida. São Paulo: Editora 34, 2013.

SONTAG, Susan. *Diários (1947-1963)*. Trad. de Rubens Figueiredo. São Paulo: Companhia das Letras, 2009.

SOUSA, Pero Lopes de. *Diário da navegação de Pero Lopes de Sousa, 1530-1532: documentos e mapas*. Rio de Janeiro: Typographia Leuzinger, 1927, v. 2. Disponível em: <www.objdigital.bn.br/objdigital2/acervo_digital/div_obrasraras/bndigital0292/bndigital0292.pdf>. Acesso em: 16 out. 2024.

STEIN, Gertrude. *A autobiografia de Alice B. Toklas*. Trad. de Milton Persson. Porto Alegre: L&PM, 2019.

VALLE, Marina Della. "Sylvia Plath: quatro 'poemas-porrada'". *Cadernos de literatura em tradução*. 2006, pp. 165-99. Disponível em: <www.revistas.usp.br/clt/article/view/49411/53484>. Acesso em: 9 jan. 2025.

VILLADA, Camila Sosa. *A viagem inútil: trans/escrita*. Trad. de Silvia Massimini Felix. São Paulo: Fósforo, 2024.

WOOLF, Virginia. *Os diários de Virginia Woolf*. Sel. e trad. de José Antonio Arantes. São Paulo: Companhia das Letras, 1989.

_____. *As ondas*. Trad. de Tomaz Tadeu. Belo Horizonte: Autêntica, 2021.

Copyright © 2025 Ingrid Fagundez

Todos os direitos reservados. Nenhuma parte desta obra pode ser reproduzida, arquivada ou transmitida de nenhuma forma ou por nenhum meio sem a permissão expressa e por escrito da Editora Fósforo.

DIRETORAS EDITORIAIS Fernanda Diamant e Rita Mattar
EDITORA Juliana de A. Rodrigues
ASSISTENTE EDITORIAL Rodrigo Sampaio
PREPARAÇÃO Cristina Yamazaki
REVISÃO Renato Ritto e Daniela Uemura
DIRETORA DE ARTE Julia Monteiro
CAPA Julia Monteiro e Pedro Inoue
IMAGEM DA CAPA © Estate of Vivian Maier, Courtesy Maloof Collection and Howard Greenberg Gallery, Nova York
PROJETO GRÁFICO Alles Blau
EDITORAÇÃO ELETRÔNICA Página Viva

CIP-BRASIL. CATALOGAÇÃO NA PUBLICAÇÃO
SINDICATO NACIONAL DOS EDITORES DE LIVROS, RJ

F143d

Fagundez, Ingrid
    Diário do fim do amor / Ingrid Fagundez. — 1. ed. — São Paulo : Fósforo, 2025.

    ISBN: 978-65-6000-081-0

    1. Ingrid Fagundez — Diários. I. Título.

25-95903
CDD: 920.72
CDU: 929-055.2

Gabriela Faray Ferreira Lopes — Bibliotecária — CRB-7/6643

Editora Fósforo
Rua 24 de Maio, 270/276
10º andar, salas 1 e 2 — República
01041-001 — São Paulo, SP, Brasil
Tel: (11) 3224.2055
contato@fosforoeditora.com.br
www.fosforoeditora.com.br

Este livro foi composto em GT Alpina e
GT Flexa e impresso pela Ipsis em papel
Golden Paper 80 g/m² para a Editora
Fósforo em janeiro de 2025.

A marca FSC® é a garantia de que
a madeira utilizada na fabricação
do papel deste livro provém de
florestas gerenciadas de maneira
ambientalmente correta, socialmente
justa e economicamente viável e de
outras fontes de origem controlada.